초보 연구자를 위한

논문쓰기 가이드

엄재근 지음

서울경제경영

| 저자소개 |

엄재근

서울과학종합대학원에서 경영학박사 학위를 취득하고, 현재 서울과학종합대학원대학교에서 '논문작성세미나' 등을 강의하고 있으며, 비즈니스플랫폼연구소 소장, 사단법인 공공협력원 학술위원장으로 일하고 있다. 이랜드그룹, 도시바일렉트로닉스코리아, 한국도날드슨(주) 등에서 20여년간 근무하였다. 관심분야는 전략, 영업, 재무, 국제통상 등이다. 저서로는 "The Strategy of FX Risk Management"가 있으며, 주요 논문으로는 "환노출과 환노출의 완화전략의 인과관계에 관한 탐색적 연구: 시스템 사고에 의한 접근", "이머징마켓에서의 기업생태계 추진을 위한 이랜드차이나의 플랫폼 전략 사례연구" 등 다수가 있다.

Email : 01027154370@naver.com/jgeom@assist.ac.kr

■ 들어가는 글

이 책은 주로 경영, 경제, 사회학 등 사회과학분야의 석·박사 대학원생, 초보 연구자들이 학술지에 논문을 게재하기 위하여 준비하는 경우에 참고할 수 있도록, 연구논문에 대한 계획, 현상 및 자료 조사, 분석 등 일련의 과정을 통해 논문 작성, 투고, 게재되기까지 전 과정을 쉽게 살펴볼 수 있도록 구성하였다.

필자는 서울과학종합대학원에서 논문쓰기 세미나 수업을 진행하면서, 직장인 박사과정에 계신 분들을 위해서 이 책을 준비하게 되었다. 초보 연구자로서 시간에 쫓기며 직장생활과 박사 과정을 병행해야 하는 분들이기에 연구논문을 시작하는 것 자체가 녹녹치 않은 것이 현실이다. 필자 역시 직장 생활을 하면서, 학술지에 투고, 게재되는 논문들을 쓰던 과정에서, 논문의 전체적인 프로세스를 단순하고 쉽게 이해할 수 있는, 한 장의 지도 같은 논문쓰기 가이드가 있었으면 좋겠다는 생각을 하였었다.

복잡하고 세세한 내용들을 설명하기 보다는 논문을 계획하고, 작성해서, 투고, 게재되기까지의 전체 프로세스를 한눈에 살펴볼 수 있는 청사진과 같은 책이 초보 연구자들에게 도움이 될 것이라고 생각되어서, 이 책을 쓰게 되었다. 초보 연구자들이 논문의 전체적인 프로세스를 머릿속에 인식하고, 연구논문을 시작하면, 익숙하지 않음으로 인해 우왕좌왕 하는 시간을 줄일 수 있고, 조금 더 자신감 있게 도전할 수 있을 것이다. 이 책이 초보 연구자들이 적은 시간을 투입해서, 본인이 앞으로 겪게 되는 일정과 내용을 쉽게 파악할 수 있는 가이드가 되기를 바란다.

이 책은 모두 9개의 장과 부록으로 구성되어 있다. 1장에서는 논문의 기본적인 개념과 일반적인 특징에 대해서 기술하고 있다. 논문에 대해 처음 접해보는 독자들은 논문의 의미와 개괄적인 부분을 이해할 수 있다. 2장은 연구논문을 구성하고 있는 요소에 대해서 세밀하게 다루고 있다. 논문의 각 요소에 대한 이해를 할 수 있다. 3장에서는 논문의 기본 설계에 해당되는 연구계획의 작성을 위해서 필요한 부분을 설명하였다. 연구계획서를 작성하면서, 논문이 완성되는 과정을 경험할 수 있다. 4장은 글쓰기를 하면서, 연구자가 고민하게 되는 것들에 대해서 다루고 있다. 글쓰기 자체를 이해하기 위해서는 고려해야할 것들이 많지만, 글쓰기에 익숙하지 않은 연구자들이 참조할 사항을 정리하였다. 5장에서는 연구자가 다 쓴 논문에 대해서 기존 논문과 얼마나 유사한지를 확인하는 논문유사도 검사를 어떻게 진행하면 되는지에 대해서 다루었다. 최근 논문 투고 시 유사도 검사 결과를 요구하는 학회들이 늘어나고 있는 추세이다. 이 장에서 도움을 받을 수 있다. 6장에서는 연구자가 투고할 학술지를 어떻게 찾고, 어떤 정보를 얻을 수 있는지에 대해서 설명하였다. 7장에서는 연구자가 투고를 하게 될 때 어떠한 과정을 거치게 되는지를 기술하였다. 경험이 없는 연구자는 투고 시, 발생되는 작은 문제에도 당황스러워하고, 어떻게 해야 될지 모르는 경우를 보게 되는데, 도움이 될 수 있을 것으로 보인다. 8장에서는 연구자가 투고 후의 심사결과를 받았을 때 어떻게 대응해야 하는지에 대해서 설명하고 있다. 아무리 연구자의 연구가 훌륭하다 하더라도 투고한 논문이 바로 수정 없이 게재되는 경우는 많지 않다. 처음 투고한 논문에 대해서, 심사위원들의 논문 심사 결과에 대해 대부분의 연구자는 당황하고, 고민하는 경우가 많다. 이에 대해서 어떻게 대응할 것인지를 구체적으로 설명하고 있다. 9장에서는 필자가 논문 작성 세미나 수업에서 강의했던 부분을 간략하게 정리하였다. 직장인들이 논문쓰기에 도전할 때 참고할 수 있는 Tip으로 구성하였다. 부록 1에서는 연구자들이 투고하는 학술지에 대해서,

경영학과 관련된 등재지와 등재후보지에 대한 정보를 담고 있다. 그리고 경영학 이외의 학술지에 대해서도 쉽게 찾을 수 있도록 연구재단의 사이트를 소개하였다. 부록 2에서는 필자와 함께 공부한 배병옥 박사님의 박사과정 도전부터 학위 수여까지 에피소드를 넣었다. 나이와 직장의 장애물을 넘어서 3년 만에 박사학위를 받은 스토리는 초보 연구자들에게 귀감이 될 사례일 것이다.

이 책은 연구논문에 대한 기본적인 이해를 위해서 그 절차와 관련 정보를 담고 있다. 초보 연구자는 한 땀, 한 땀 흘리면서 소중한 논문을 완성해가는 과정을 경험하게 될 것이다. 이때, 본인이 어떠한 과정을 통해서 논문이 완성되는지를 미리 알고, 혼란을 겪지 않았으면 하는 마음이다. 돌이켜 보면, 첫 논문이 완성되고, 투고되어서, 게재되는 일련의 과정을 거치면서, 결국은 학술지에 게재되어 책으로 나오는 순간은 너무나 큰 기쁨이자 소중한 기억이었다. 이 책이 먼 훗날, 학술계의 거목이 될 초보 연구자들에게 초보 시절에 논문의 완성을 위하여 참고할 수 있는 가이드가 되기를 바랄 뿐이다.

2016년 12월 11일

서울과학종합대학원대학교 연구랩실에서

목 차

Chapter 01 논문에 대해서

일반 사람들은 논문이라는 말을 들으면, 머리부터 아파하며, 쉽게 도전할 수 있는 영역이 아니라고 생각한다. 하지만 논문에 익숙한 사람들은 논문을 복잡하거나 어려워하기보다는 도리어 논문으로 정리된 글들을 더 익숙하고 편하게 느낀다. 초보 연구자들이 처음 논문을 써야할 때, '내가 논문을 쓸 수 있을까?' 하는 걱정부터 들 것이다. 그러나 논문을 이해하고, 논문의 원리에 대해 깨달으면, 처음 논문을 시작하는 독자들도 논문에 대해서 친숙해질 수 있을 것이다. 논문도 하나의 형식이어서, 처음 익숙해지는 것이 어렵지, 익숙해지면, 편하게 볼 수 있고, 쓸 수 있다. 필자는 이 책이 초보 연구자들에게 논문에 쉽게 접근하는데 도움이 되는 가이드가 되기를 바란다. 그래서 복잡하거나 세세한 내용을 담기보다는 초보 연구자들이 쉽게 논문에 대해 이해하고, 도전해볼 수 있는 내용을 담도록 노력하였다. 우선, 1장에서는 초보 연구자들이 논문에 대한 개념을 이해하는 시간이 되었으면 한다.

1. 논문이란

논문에 대해서 네이버 지식백과에서는 아래와 같이 정의하고 있다.

"어떤 문제에 대한 작가의 의견 · 사상 · 주장 등을 논리적으로 논증하는 글"

논문은 논설문과 함께 논증문에 속한다. 논증문은 어떤 문제에 대해 자신의 의견을 제시하여 그 정당성을 증명하는 글로 단정하는 부분과 증명하는 부분으로 구성된다. 논문은 입론이 독창적이어야 하고, 논단은 명쾌해야 하며, 논증은 타당해야 하고, 구성은 통일되어야 한다. 이것을 논문의 4대원칙이라고 말할 수 있다. 논문의 종류에는 학술논문과 비평논문이 있다. 학술논문은 학문상의 연구결과를 논술하는 글로 주로 사실의 진위를 이론적으로 논증하는 논문이다. 여기에는 졸업논문·학위논문·연구논문 등이 있다. 비평논문은 사회전반의 각 분야에 걸친 시사문제에 대해 비평하는 글로 주로 가치의 유무에 따라서 자기의 주장을 적극적으로 밝히는 글이다. 여기에는 문예시평·사회시평·정치시평·경제시평 등을 비롯하여 사설·칼럼 등이 있다[1].

즉, 논문은 어떤 문제에 대해 자신의 의견, 사상, 주장 등 을 제시하여야 한다. 그리고 이를 제시할 때는, 독창적이어야 하고, 명쾌해야 하며, 타당해야 하고, 통일되어야 한다. 다른 사람들에게 설명하고, 이해시키기 위해서는 반드시 필요한 요소들이다. 가끔씩 논문의 형식을 갖추었지만, 위의 4대 요소가 빈약하거나, 부분적으로 빠져있는 논문들이 발견되는데. 그런 논문들은 대체적으로 수준이 낮게 느껴진다.

2. 학위논문과 연구논문

논문의 종류에 대해서 여러 관점으로 다양하게 나누어 볼 수 있는데, 이 책에서 다루고자 하는 것은 연구논문이다. 연구논문이란 연구자가 연구한 결과에 대해 논리적인 형식으로 설명한 글이다. 이러한 형식으로 담을 수 있는 연구 대상은 매우 다양하다. 사회과학 혹은 자연과학의 현상과 이론 등 우리가 접해보는 모든 분야에 해당할 것이다. 최근에는 경영, 경제, 교육, 심리 등 기존의 분야

---

1) 국어국문학자료사전, 이응백, 김원경, 김선풍, 1998., 한국사전연구사

외 융합학문에 대한 연구도 활발해져서 복잡계라는 새로운 분야로 분류되기도 한다.

논문은 연구 대상에 따른 다양성뿐만 아니라, 연구방법에 있어서도 매우 다양하다. 연구방법을 이야기 할 때, 실증, 사례 등 실제적인 사용에 따른 분류를 하나, 이론적으로는 질적연구, 양적연구 등으로 나누기도 한다. 그리고 모형을 다양하게 사용하고 증명방법도 매우 다양하다. 연구라는 것에 대해서 곰곰이 생각해보면, 다양하고 복잡한 현상 속에서 숨겨진 규칙과 패턴을 찾는 것으로 볼 수 있다. 연구논문은 자신이 찾아낸 규칙을 논리적으로 설명하는 것이다. 이러한 논문의 내용이 어렵게 설명될 필요가 없다. 독자의 측면에서는 이해하기 쉽고 간결하게 읽혀져야 한다.

학술세계에서 많이 접하게 되는 논문의 종류는 학위논문과 연구논문이다. 논문의 목적에 따라서, 어떠한 논문인지 구분하게 된다. 그런데 기업체에 있는 직장인 학생들이 많이 혼동하는 것이 기업리포트, 논설문, 평론 등이다. 이들 문장을 쓸 때, 목적이 틀리기 때문에 문장표현 방식은 차이가 있다. 이 부분에 대해서는 뒤에서 설명하고자 한다. 여기에서는 우선 학위논문과 연구논문의 차이점에 대해서 어떠한 차이가 있는지 설명하고자 한다.

(1) 학위논문

많은 사람들이 처음 논문다운 논문이라는 것을 직접 쓰게 될 때가 학사학위논문을 준비하면서이다. 학사학위를 받기 위해서는 일반적으로 졸업논문을 써야하고, 석사학위와 박사학위에서도 동일하다.

1) 학사학위논문

대학 학부 과정을 졸업하기 전에 학교에서 학사학위논문을 요구하는 학교가 많다. 물론 대학의 특징에 따라서, 프로젝트, 과제물로 대신하기도 한다. 대학교에서는 학생들이 학사학위를 받기에 적정한 실력을 갖추었는지, 다양한 시험을 보기도 하지만, 종합적인 의미로 학사학위논문을 요구하기도 한다. 학생들은 이를 준비하면서, 논문에 대해서, 배우게 되는 것이다. 학사학위논문은 독창적인 내용을 담지 못하거나, 연구방법조차도 제대로 수행되지 못하는 경우가 많지만, 교수들은 학생들이 준비하는 과정에서 많은 것을 배우기를 원한다. 학생들은 이를 통해서 논문이라고 말할 수 있는 학위논문을 준비하면서 논문을 쓰는 법을 배우게 된다.

2) 석사학위논문

석사과정은 일반적으로 학생들이 학부과정을 마치고, 공부를 본격적으로 하게 되면서 연구자로서의 기본을 닦는 과정이다. 장기간 지도교수의 지도를 통해서 학위논문다운 논문을 작성하게 된다. 그래서 석사학위논문은 학사학위논문에 비해서 논문다운 구색을 제법 갖추게 된다. 그리고 석사학위논문은 엄격한 심사를 거쳐야만 된다. 특히, 논문 짜집기(다른 연구자들이 연구해놓은 논문들을 가지고 정리하는 것)로는 논문 심사를 통과할 수 없다. 즉, 논문으로서의 기본적인 요건이 채워지지 않으면, 석사학위논문은 통과될 수 없다. 하지만 요즈음 많은 대학원에서 석사학위논문 대신에 프로젝트, 비즈니스 리포트 등으로 대체하기도 한다. 보통 MBA과정에서는 석사학위논문을 쓰지 않는다. 하지만 일반 석사 과정에서는 대학에 따라서 석사학위논문을 쓸 수 있는 자격 요건에 학술지 게재 1회 이상을 요구하기도 한다.

3) 박사학위논문

학위논문에 있어서, 박사학위논문은 가장 수준 높은 학위 논문이다. 유명한 이론들이 박사학위논문에서 나온 경우가 많다. 학사, 석사 과정을 거쳐서 공부하는 마지막 정규 과정이 박사과정이므로 박사학위논문은 높은 수준을 요구한다. 독창성과 논리적 구성 등이 심사위원들에게 여러 차례에 걸쳐서 검증받는다. 대체적으로 박사과정 자체가 박사학위논문을 준비하는 과정으로 구성된다. 박사의 의미는 여러 가지로 해석해볼 수 있지만, 홀로 연구가 가능한 연구자의 인증서라고 볼 수 있다. 박사학위논문은 그러한 자격이 있다는 것을 보여주는 내용인 것이다. 그래서 많은 학교에서는 박사학위논문 청구심사 요청 조건에 권위있는 학술지 게재 편수를 전제로 하는 경우가 많다.

(2) 연구논문

학위는 해당 학위 과정자가 학위를 취득하기 위한 목적으로 준비하고 쓰는 논문이지만, 연구논문은 말 그대로 연구자가 본인이 연구한 것을 사람들에게 알리고 인정받기 위해서 쓰는 논문이다. 이는 연구자가 혼자서 연구해서 단독저자로 쓸 수도 있고, 공동저자들과 함께 쓸 수도 있다. 연구논문을 쓰는 목적에 따라서, 학술지 논문 혹은 연구 보고서로 나누어 볼 수 있다. 보통 초보 연구자는 지도교수의 지도하에서 연구논문을 쓰기 때문에 1저자가 되고, 교신저자는 지도교수가 되는 경우가 일반적이다.

1) 학술지 논문

일반적으로 연구자들이 쓰게 되는 논문이다. 학계에는 매우 다양한 학술지들이 있다. 연구자는 본인의 연구에 맞는 학술지를 선택해야 한다. 연구자와 비슷한 방향의 연구를 하는 연구자들이 만든 학회에서 관련 연구주제들을 모아서 출판하는 학술지들을 운영하고 있다. 학술지들은 학술지 자체의 목적과 편집 방향을 갖고 있어서 그에 따른 심사 기준과 절차에 따라 심사를 하게 된다. 따라서 연구자에 있어서는 본인의 연구논문에 맞는 학술지의 선택은 매우 중요하다. 아무리 수준이 높은 논문이라고 하여도, 학술지의 방향과 맞지 않아서 게재 거부되는 경우도 있다. 또한, 연구자는 본인이 쓰고자 하는 주제와 연구방법에 따라서도 적절한 학술지를 선택하게 된다. 사회과학 관련 논문들은 논문의 연구방법에 따라서, 크게 문헌연구, 사례연구, 실증연구 등으로 나눌 수 있다. 학술지의 성격에 따라서 실증연구만 게재하는 학술지도 있다.

2) 연구보고서

연구자들이 연구한 연구논문은 학술지에 게재해서 다른 논문들과 함께 학회지로 출판하는 것이 일반적이지만, 때에 따라서, 연구보고서 형태로 책을 발간하는 경우도 있다. 책으로 발간하는 경우에는 학술지의 기준을 따르지 않기 때문에 연구자의 의도에 맞는 주제나 내용으로 구성될 수 있다. 기관의 연구비 지원을 받아서 만들어지는 연구보고서의 경우에는 지원금의 특성에 맞추어서 만들어져야 하며, 학술지논문 보다는 다양하고, 상세한 설명이 기술된다.

이 책에서는 연구자들이 일반적으로 준비하게 되는 학술지 논문을 중심으로 설명하고자 한다. 학위논문을 준비하는 연구자들도 보통은 학술지 논문을 함께 준비하는 경우가 많다. 앞에서 설명한 바와 같이, 학교에 따라서 학술지 논문 몇 편을 게재해야만, 학위논문을 쓸 수 있는 기회를 주는 경우가 많다. 또한 박사학위를 받은 후에는 학생들이 연구논문을 쓸 수 있게 지도하는 위치가 될 수 있다. 교수로 일을 하게 되면, 학교에서는 일정 연구실적을 요구하고, 학술지에 몇 편의 논문을 게재했는지가 인사 평가의 대상이 되기도 한다.

3. 논문작성에 있어서 고려해야할 것들

논문에 대해서 고려할 때, 우선 논문의 4대 원칙에 대해서 생각해보아야 한다. 이는 연구자가 연구논문을 준비하면서 마음에 항상 새기어 두어야 할 사항이다. 논문을 쓰기 전에 본인의 연구논문이 이러한 4대 원칙을 이루기 위해서 고려해야 할 부분이 어떤 것인지 구체적으로 살펴보아야 한다.[2] 연구자가 쓰는 글은 본인만을 위해서 정리하는 글이 아니다. 학술지를 통해서, 많은 사람들에게 자신의 연구한 부분들을 논리적으로 소개하는 것이다.

---

2) 논문작성의 원칙은 경우에 따라서 다양하게 제시될 수 있다. 4대 원칙은 일반적으로 독자들이 염두해야 할 공통적인 요소들이다.

(1) 연구논문의 원칙 "독창성"

연구논문은 다른 사람들이 연구한 것을 설명하는 글이 아니다. 연구자 본인이 연구한 것에 대해 설명하는 글이다. 연구자는 본인이 해당 분야에 자신보다 먼저 연구한 선행연구들에 대해서 충분히 이해하고 있어야 한다. 그리고 자신의 연구가 선행연구들과 어떤 부분에서 비슷하고, 다른지를 설명해야 한다. 이미 다른 사람이 연구한 것을 그대로 연구한다는 것은 의미가 없다. 기존의 연구들만 정리하는 것은 연구논문으로서 가치가 없다. 그래서 연구자는 논문에서 선행연구에 대해 충분하게 논리적으로 설명해야 하고, 본인의 논문이 어떤 부분에서 다른지를 설명해야만 한다. 이 차이점이 논문의 독창성을 설명하고 있는 것이다. 연구자 중에는 선행연구를 제대로 정리하지 않아서 유사한 논문들이 있음에도 불구하고 본인 논문의 독창성으로 설명하는 경우가 있다. 학술지 심사위원들은 이런 부분들에 대해 자세히 살펴보고 해당 논문에 대해서 낮은 점수를 주게 된다. 연구자는 논문을 쓰기 전에 충분하게 선행연구를 살펴서 본인이 계획하고 있는 논문의 독창성을 만들어야 한다.

(2) 연구논문의 원칙 "신뢰성"

논문에서는 많은 참고 자료들이 제시된다. 자료가 제시될 때는 독자들이 읽고 충분히 수긍할 수 있는 자료이어야 한다. 신뢰성 없는 자료는 연구논문에서는 의미가 없다. 신뢰성이 있다는 것은 자료의 출처가 명확하다는 것이다. 연구자는 항상 자료에 대한 출처를 명확히 밝혀야 한다. 그리고 해당 출처도 신뢰성이 있는 곳이어야 한다. 인터넷 개인 블로그에 난 글이거나 유명하지 않은 책을 출처로 밝히는 경우에는 신뢰성이 많이 떨어지게 된다. 중요한 주장인 경우에는 수준 높은 학술지에서 출판된 논문들을 인용해서 설명되어야 신뢰성이 높아질 수 있다. 출처에 대해서는 필요에 따라 독자들이 찾아 볼 수 있게 페이지도 명확하게 표시해야 한다. 그래야만 독자들은 논문에 대한 신뢰성을 갖고 해당 논문을 읽게 된다.

(3) 연구논문의 원칙 "간결성"

논문의 문장은 애매모호해서는 안 된다. 논문은 문학작품도 아니고, 소설도 아니다. 들었던 이야기 혹은 생각나는 대로 쓰는 수필이 아니다. 독자들이 읽으면서, 뜻이 애매모호하게 해석되는 글은 여지없이 심사위원들의 공격대상이 된다. 문장은 간결해야하고 명확해야 한다. 연구자는 독자들이 문장을 읽고 이해하지 못하는 글을 써서는 안 된다. 보통은 논문에서 사용되는 문장은 명확하여야 하므로 1인칭 시점을 사용하지 않는다. 연구자는 논문에서 본인 중심으로 설명하지 않고, "본 논문에서는~" 처럼, 3인칭 관찰자 시점으로 간결하게 설명해야 한다. 또한 긴 문장이나 복합문은 피하여야 한다. 주어와 동사가 분명해야 하고, 문장이 정확하게 어법에 맞아야 한다. 좋은 논문일수록 명확하고 간결하게 문장을 사용하여 독자가 쉽게 연구자의 주장을 이해할 수 있게 쓰여져 있는 것을 볼 수 있다.

(4) 연구논문의 원칙 "통일성"

연구논문은 전체적으로 통일성이 있어야 한다. 연구자는 서론에서부터 결론에 이르기까지 독자들이 논문에서 이야기 하는 바를 정확히 이해할 수 있도록, 문장 하나하나에 노력을 기울여야 한다. 연구자는 독자들에게 논문에서 사용되는 용어에 대해 혼란이 생기지 않도록 주의해야 한다. 같은 의미로 사용되는 용어들은 의미에 혼란을 주지 않게 하나의 용어로 통일되어야 한다. 용어를 축약해서 사용하게 되면, 처음 사용하는 부분에서 축약한 원어에 대해서 반드시 설명해야한다. 그리고 일관성이 있게, 축약한 단어를 사용하는 것이 좋다. 연구논문에서 사용되는 변수에 대해서 같은 뜻의 다른 변수의 이름을 사용해서는 안 된다. 독자들에게 혼란을 줄 수 있기 때문이다. 연구방법에 사용되는 변수들은 각별히 조심해야 하고, 조작적 정의도 분명하게 해야 한다.

4. 연구논문의 주요 평가 항목

학술지에 투고를 하게 되면, 논문을 평가함에 있어서, 심사 위원이 살펴보게 되는 항목들을 알고 있으면, 논문 작성하는데 많은 도움이 될 것이다. 다음은 학회에서 제시하고 있는 평가 주요 항목들이다.[3)]

(1) 논문의 독창성

논문이 다루는 연구 명제, 연구의 방법, 관찰의 대상, 혹은 전체적 서술의 형태가 독창적이며 기존연구와 차별되는가?

(2) 논문의 기여도

논문이 학문의 발전과 진보에 기여하는가? 새로운 현상의 발견, 현상의 새로운 이해, 이를 위한 새로운 이론체계의 구축에 기여하는가?

(3) 논문의 중요성

논문이 다루는 주제가 적절하고, 중요한 주제인가? 연구의 결과가 가지는 시사점이 큰가?

(4) 조직성

논문의 조직과 구성이 논리적으로 타당한가? 학술논문으로서 갖추어야 기존연구의 검토과정 등의 내용들이 포함되어 있으며, 형태를 갖추고 있는가?

(5) 표현력

논문의 표현 방식이 적절한가? 논문의 서술이 전체적으로 독자의 이해를 돕는

3) 여기에서는 경영컨설팅학회에서 제시하고 있는 기준에 대해서 제시하였다. 일반적으로 학회에 따라서 약간씩 차이가 있지만, 근본적인 부분에서는 크게 다르지 않다.

방향으로 이루어졌는가?

(6) 타당성

전체적으로 논문이 학술논문으로서의 타당성을 가지는가? 논문이 학문적 문제의식과 과학적 탐구에 바탕을 둔 학문적 노력의 결과로 간주될 수 있는가?

학회의 특성에 따라서 논문의 평가 항목에 조금의 차이가 있을 수 있다. 그러나 앞서 제시한 논문의 4대 원칙을 중심으로 연구를 진행한다면, 크게 문제 될 것은 없다. 연구자는 본인의 연구를 계획함에 있어서, 4대 원칙이 균형 있게 구성되어, 놓치는 것이 없도록 계획해야 한다. 연구자에 따라서, 본인 연구의 독창성만을 생각하고, 다른 부분들을 놓쳐서, 많은 시간들을 낭비하는 사람들이 있다. 연구논문은 본인이 목표하는 학술지에 게재하기 위해서 쓰는 것임을 잊지 말아야 한다. 학술지에 게재되기 위해서는 심사위원들의 심사기준을 깊이 이해하고 이 기준을 통과하기 위해서 연구내용들을 점검해야 한다.

Chapter 02

연구논문의 구성

1. 연구논문의 구성

연구논문들의 대부분은 그 목차가 전체적으로 비슷하다. 이는 논문이 논문으로서 적합한 구성으로 이루어져야 하기에 일정 부분 통일되어 있기 때문이다. 이것은 논문을 쓰는 사람들과 읽는 사람들 간의 약속이다. 그래서 독자들은 쉽게 논문에서 필요한 부분을 빨리 찾아보거나 읽을 수 있다. 연구자는 이러한 논문 체계에 기초해서 논문을 쓰게 된다. 논문의 구성 체계는 다음과 같은 내용을 갖고 있다.

(1) 논술문의 구성

일반적으로 어떤 주장을 논리적으로 한다고 할 때, 크게 서론, 본론, 결론 세 부분으로 나눈다. 이를 논술문이라고 한다. 이에 대해서 간단하게 설명하면 다음과 같다.

[서론]

무슨 이야기를 하고자 하는지를 적어야 한다. 이를 글의 논제라고 한다. 서론에서는 전체 글에서 들어가는 글로 독자로 하여금 저자가 무슨 글을 이야기 하려고 하는지를 서술하는 것이다.

[본론]

서론에서 제시한 논제를 본격적으로 이야기 하는 것이다. 문제의 제기, 문제를 분석하는 것, 대안의 제시가 이루어져야 한다. 본론은 연구자가 주장하고자 하는 것을 논리적으로 설명해야 한다. 누가 들어도 신뢰성이 있고 타당성이 있어야 하는 것이다.

[결론]

결론에서는 서론과 본론에서 언급되었던 부분을 최종적으로 정리하고 저자가 주장하고자 하는 바를 마무리 하여야 한다. 결론에서 서론과 본론에서 설명하였던 것을 단순하고, 반복적으로 이야기하는 것은 의미가 없다. 서론과 본론에서 주장했던 것에 대해서 어떠한 의미가 있는지를 설명하는 것이 좋다.

(2) 학술지 게재 연구논문

학술지 논문은 논술문에서 발전되어서, 연구자가 주장하는 바를 다양한 연구에 기초해서 작성하는 것이다. 학술지에서 요구하는 형식의 일반적 형태는 아래와 같다. 연구자가 주장하는 내용을 위해서, 일부 변경할 수 있다.

■ **사례 2.1 : 목차 사례**

국문초록
Ⅰ. 서론
Ⅱ. 이론적 배경
Ⅲ. 연구방법
Ⅳ. 연구결과
Ⅴ. 결론
참고문헌
영문초록

■ 사례 2.2 : 목차 사례

국문초록
Ⅰ. 서론
Ⅱ. 선행연구의 고찰
Ⅲ. 연구방법 소개
Ⅳ. 연구결과 제시
Ⅴ. 시사점 및 한계점
참고문헌
영문초록

■ 사례 2.3 : 목차 사례

국문초록
Ⅰ. 서론
Ⅱ. 이론적 배경 및 선행연구
Ⅲ. 모델 제시
Ⅳ. 사례연구
Ⅴ. 시사점 및 한계점
참고문헌
영문초록

위에서 간단하게 3가지 예만을 제시하였다. 3가지 예만 보아도, 서론, 본론, 결론이라는 큰 틀 속에서 구성은 비슷하다. 논술문과 큰 차이가 없으며, 연구자에 따라서 조금씩 변형하여, 연구의 내용에 적합하게 바꿀 수 있다. 그리고 논술문과 같이 각 장은 목차에 맞추어서 설명하여야만 독자들은 혼란스러워 하지 않는다. 다음에서 각 장에 맞추어서 연구자가 어떤 내용을 실어야 하는지를 설명하고자 한다. 실제로 논문을 작성할 때는 위의 순서대로 쓰지 않아도 된다. 쓰기 쉬운 것부터 시작하면 된다. 내용의 성격상, 연구결과가 나와 있다면 연구결과부터 정리해서 쓰기 시작하여도 좋다. 논문을 구상할 때, 서론에 쓸 계획이던 인용구가 본문 혹은 결론에 사용될 수도 있다. 연구논문이 완성되기 위해서는 연구자는 논문을 어떻게 구성할지에 대해서 끊임없이 고민해야 한다. 연구논문의 목적은 연구자가 연구한 것을 독자들이 논리적으로 쉽게 이해할 수 있게 하는 것이 목적이므로 연구자는 연구방법에 따라서 구성에 일부 변화를 줄 수 있다. 하지만 연구논문이 기본 틀에서 벗어나 본인만의 방법으로만 구성되면 독자들은 익숙하지 않은 부분에 대해서 당황스럽게 생각할 것이다. 변화된 구성이 연구를 더 잘 설명하기 위한 이유가 아니라면, 심사위원들로부터 좋은 점수를 받기가 쉽지 않을 수 있다. 그러므로 우선 논문의 각 구성 요소를 잘 이해하여 적절하게 작성하는 것이 중요하다.

2. 서론 작성하기

서론은 논문의 시작이다. 처음으로 독자에게 연구에 대해서 언급하는 것이다. 독자는 서론을 통해서 이 논문이 무엇을 이야기 하고자 하는지 알고 싶어 한다. 그러므로 연구자는 서론을 통해서 이 논문에서 다루고자 하는 문제, 연구가 어떠한 내용으로 다루고자 하는지, 일반적인 용어가 아닌 경우, 그 용어가 가지고 있는 정의에 대해서 서술해야 하며, 본인의 연구가 어떠한 의미가 있는지를 간단하게 설명하여야 한다. 연구자가 욕심을 가지고 서론에서 많은 것을 이야기 하려고 하면 독자의 입장에서는 상당히 피로감을 느낄 수 있다. 독자는 주요한 내용에 대해서는 본론에서 필요한 부분을 얻고자 할 것이다. 그러므로 서론은 간결하고 함축적이어야 한다. 본론에서 이론적 배경, 선행연구, 연구방법, 연구결과에 대해서 설명하고 있으므로 이러한 내용들을 반복적으로 설명할 필요가 없는 것이다. 때에 따라서 이 논문에서 중요한 부분이라면, 서론에서 먼저 언급하고, 본문에서도 상세하게 설명해서 연구자의 의도를 독자에게 알리는 방법도 좋은 방법일 수 있다. 서론에서 일반적으로 설명하는 부분을 다음과 같이 정리할 수 있다.

1) 연구의 목적과 필요성
2) 문제를 다루는 범위
3) 논제에 대한 연구 상황
4) 방법론 제시
5) 자료 소개
6) 용어 정의 설명
7) 논문이 갖고 있는 가치에 대한 제시

논문에서 서론은 전체 글에 대한 출발점이어서 전체 글을 이해하기 위한 안내서이다. 본론에서 연구자가 무엇을 말하려고 하고 그것을 어떻게 증명해갈 것인가에 대한 설명인 것이다. 서론이 부실하면, 독자들은 연구자가 무엇을 말하고자 하는지 알지 못한다. 본론에서 다루어지는 다양한 연구방법과 연구결과들이 무엇을 설명하고자 하는지 모르기에 한참을 읽어야만 이해할 수 있다. 좋은 논문일수록 서론에서 이해하기 쉬운 문장으로 내용을 소개하는 경우가 많다. 독자들은 서론을 읽으면서, 본론에 대해서도 더 궁금증을 갖고 접근하게 된다.

3. 이론적 배경 및 선행연구 작성하기

연구자들이 힘들어하는 부분 중에 하나가 이 부분이다. 연구자들은 연구하고자하는 부분에 대해서, 어떠한 이론적 배경이 있는지, 어떠한 선행연구가 있는지를 밝혀야 한다. 하늘에서 뚝 떨어지는 연구는 없다. 모든 연구는 그 연구의 앞선 연구들이 있다. 이것을 선행연구라고 한다. 어떤 연구자들은 본인의 연구가 아주 독창성이 뛰어나서, 새로운 이론을 창시했다고 주장하는 사람들이 있다. 그러나 이것은 독선이고, 오만이며, 무지에서 나온 것이다. 제대로 된 이론적 배경과 선행연구가 없었다는 것을 말한다. 아이디어만을 가지고 연구를 시작하는 연구자들 중에서는 이미 동일한 선행연구가 있다는 것을 발견하는 경우가 많다. 세상에는 본인과 비슷하게 생각하는 사람이 있기 마련이다. 그러하기에 본인이 생각하는 분야에 대한 이론적 배경과 선행연구가 충분히 이루어져야 한다. 이 부분을 간과하게 되면, 연구자의 논문은 기초가 약할 수밖에 없다. 독자들에게 연구자의 논문이 어떠한 의미가 있는지를 설명한다는 것은 중요한 의미를 가진다. 연구자는 선행연구와 비교하면서 본인의 연구가 어떤 점에서 같은지, 어떤 점에서 다른지를 충분히 설명해야 한다. 본인의 연구논문에서 무엇이 새로운지를 설명해야 한다. 부모 없이 태어나는 사람은 없다. 그래서 사람들은 본인의 탄생에 어떤 족보가 있는지를 밝힌다. 연구에도 족보가 있다. 하루아침에 나타나는 연구는 없으며, 선행연구자들의 뒤를 따라서 연구를 발전시켜나가는 것이다. 간혹 연구논문들 중에는 탐색적 연구가 있다. 관련된 선행연구가 없을 때, 이러한 탐색적 연구를 실시한다. 하지만 이러한 탐색적 연구 역시 이론적 배경 위에서 이루어진다. 기존의 연구들에서 어떻게 발전된 것인지, 아니면 어떤 연구들과 유사하고, 어떤 점에서 비슷하고, 어떤 점에서 다른지를 설명해야 한다. 이 부분이 제대로 설명되지 않는 것은 연구자가 단순한 호기심과 아이디어만 갖고 논문을 쓴 것이다. 즉, 연구자가 본인의 연구에 대해서 학문적 계보 연구를 제대로 하지 않은 것이다. 때때로 연구자가 이러한 선행연구를 진행하지 않아서, 이론에 근거하지 못하는 논문이 나오는 경우가 있는데, 이런 논문들은 학술적 가치를 찾기가 어렵고, 학술지에 게재되기가 쉽지 않다.

연구논문에서 선행연구를 정리할 때, 논문 소개만을 나열해서는 안 된다. 소개되는 논문들에 대해서는 저자이름, 논문제목 뿐만 아니라, 논문이 어떠한 의미가 있는지를 간략하게 기술하는 것이 좋다. 그래야 독자가 본 연구논문이 어떠한 선행연구에 기초해서 이루어졌다는 것을 알 수 있다. 이를 통해서 해당 논문의 학술적 가치를 이해할 것이다. 문헌연구를 하듯이 선행연구들을 모두 정리할 수는 없다. 하지만 좋은 연구논문들을 살펴보면, 연구자가 선행연구들을 통해서 연구의 흐름을 잘 설명하고 있는 것을 알 수 있다. 그래서 독자들이 해당 논문이 어떠한 의미를 갖는지 가늠할 수 있다.

논문들을 읽다 보면, 간혹 연구논문과 관계없는 연구이론이나 선행연구를 나열하는 경우가 있다. 이는 연구자가 본인의 연구하는 분야를 제대로 파악하지 못하는 것을 보여주는 것이다. 연구자는 선행연구들이 본인이 소개하고자 하는 내용과 어떤 관계가 있는지를 밝혀야 한다. 그래야만 독자들이 쉽게 이해할 수 있다.

4. 연구방법 소개

연구방법은 연구자가 본인이 주장하고자 하는 바를 어떤 연구방법으로 밝히고 있는지를 설명해야 한다. 본인이 사용하고 있는 연구방법이 본인이 주장하고자 하는 바에 적합하다는 것을 논리적으로 설명해야 한다. 그리고 어떻게 연구방법을 사용하고 있는지도 밝혀야 한다. 독자들이 충분히 이해할 수 있는 정도를 고려해서 설명해야 한다. 연구방법은 크게 질적 연구방법과 양적 연구방법으로 나눌 수 있다. 질적 연구방법으로는 내러티브, 현상학적 연구, 근거이론, 문화기술 연구, 사례 연구 등을 말하고, 질적 연구방법으로는 문헌 연구, 관찰 연구, 실증 연구, 실험 연구 등이 있다. 경영, 경제, 사회 분야의 연구자들은 질적 연구방법으로 사례 연구를 많이 하고, 양적 연구방법으로 문헌 연구, 실증 연구를 주로 하는 편이다. 연구방법이 실증연구에 기초하고 있다면, 가설 설정과 어떠한 방법으로 이를 입증하고자 하는지에 대해서 설명해야 한다. 독자들은 이를 통해서 연구방법이 적정하였는지를 가늠하게 되면, 연구자가 왜 그러한 방법을 사용하였는지를 이해하게 되는 것이다.

연구자가 새로운 연구방법으로 설명하고자 한다면, 그러한 연구방법이 어떠한 것인지 설명하여야 독자들이 납득할 수 있는 것이다. 사례 2.4에서 연구자는 환노출이라는 연구를 위해서 시스템 사고방식에 기초한 인과지도를 연구방법을 채택하였다고 밝히고 있다. 그리고 독자들을 위하여, 시스템 다이내믹스에 대해서 설명하고 있다. 사례 2.5에서 기업생태계와 CPNT 모델에 대한 소개를 하고 있다. 연구자는 이런 모델, 연구방법 등에 대해서 잘 알고 있지만, 독자들을 위해서 자세히 설명할 필요가 있다. 세세하게 이해하기 쉽게 쓰기는 힘들지만, 대학생들이 읽고, 이해할 정도의 수준으로 설명한다면 좋을 수 있다. 특히 일반적이지 않은 연구방법을 사용하는 경우, 해당 연구방법에 대해서, 간결하지만, 쉽게 설명해야 한다.

■ 사례 2.4 : 시스템다이내믹스 방법론 소개

환노출 결정요인에 따라서 양의 효과와 음의 효과를 주는 요소가 상존하고 있어서 유의한 결과가 나타나지 않을 가능성이 있다. 또한, 기업이 환위험 완화전략을 실행하게 되면, 이는 환율변동의 영향을 완화시켜주므로 일시적으로 그 영향이 유의하지 않게 보이기도 한다. 이러한 관계를 설명하기 위해서는 시스템 사고방식으로 인과지도를 작성하여 설명하는 것이 유용할 수 있다. 시스템 다이내믹스(System Dynamics)는 1960년대에 MIT 교수인 Jay Forrester에 의해 시작되었고, Industrial dynamics, Urban dynamics, Business dynamics(Forrester, 1961; Forrester, 1969; Sterman, 2000) 등으로 발전하였다(정창권 · 이동현, 2012). 시스템 속에서 각 구성요소들이 인과관계를 구성하고 동태적 구조를 분석해서 시스템 전체에 대한 이해와 문제의 진단 그리고 해결 방안을 찾는 것이 시스템다이내믹스의 특징이다(김도훈 외, 1999: 정재훈 · 김현수, 2009). 이러한 시스템 사고를 위해서는 통합적(holistic) 사고, 피드백(feedback) 사고, 그리고 시간 기반(time-base) 사고가 필요하다(김상욱, 2008).

인과지도의 작성을 위해서는 세 가지가 고려되어야 한다(정재훈 · 김현수, 2009). 첫째, 원인변수(독립변수)와 결과변수(종속변수)의 모두가 변해야 한다. 둘째, 원인이 되는 변수가 먼저 변화한 뒤에 결과변수(종속변수)의 값 모두가 변해야 한다. 셋째, 원인변수와 결과변수 이외의 변수(제3의 외생변수)는 제거한 상태에서 인과관계가 검증되어야 한다(정창권 · 이동현, 2012). 위의 세 가지를 통하여, 인과관계가 성립되면 양의 관계인지 음의 관계인지도 명확하게 정리해야 한다. 대부분의 실증연구가 단선형적인 부분만을 보는 한계가 있는 반면에 시스템다이내믹스는 비선형으로 변수들이 서로 영향을 주면서 전체를 피드백구조로 보고 이해하고 있다. 이러한 접근은 복잡한 금융구조와 기업의 재무구조를 이해하는데 효과적일 수 있다. 공학에서 출발한 시스템다이내믹스를 실증연구에 익숙한 경제학과 재무학에서 꺼려할 수도 있으나(권호상, 2012), 본 연구에서는 위의 가이드라인에 기초하여 국내 기업의 환노출에 관한 한국연구재단 등재지 연구논문들을 중심으로 종합적인 인과지도를 구축해보고자 한다.

(엄재근 외, 환관리 전략에 대한 탐색적 연구, 2014)

■ 사례 2.5 : 플랫폼 방법론 소개

기업 생태계를 분석하고 전략으로 이해하기 위한 방법론 중 하나로 SPICE 모형을 들 수 있다. 이는 사회(Society), 협력업체(Partner), 주주(Investor), 고객(Customer), 직원(Employee) 등을 기업생태계의 주요 구성요소로 간주하려는 시도이다(Sisodia et al., 2007). SPICE는 기업의 필수구성요소인 ICE(Investor, Customer, Employee)에 협력기업(Partners)과 사회(Society) 등 생태계 요소를 추가한 개념이다. 미국 중심의 경영학은 역사적으로 볼 때 과학적 관리의 효율성, 인적자원관리, 고객관리, 주주가치 경영 등에 중점을 두며 발전해왔으며, 이는 미국식 경영학이 ICE(Investor, Customer, Employee)를 중심으로 발전한 것으로 정리할 수 있다. 하지만 기업 생태계에서는 협력기업과 사회가 추가되어 상생을 강조한다. 기업 생태계에서는 모두가 구성원이 되고 필요한 존재이며, 환경과의 조화를 강조하며, 이를 통해 외부 환경에 적응하고 외부 이해관계자와의 상생발전을 이룬다.

이러한 생태계를 통해 기업들이 발전하기 위해서는 핵심자(keystone)가 필요하다(김기찬, 2009). 핵심자를 중심으로 네트워크가 이루어져야 하며, 협력과 융합은 기업생태계 발전에 필수적이다. 이는 플랫폼 관점의 비즈니스 모델로 발전하였다. 기업 생태계를 발전시킨다는 측면에서 볼 때, 플랫폼 전략은 매우 적합한 모델로 보여진다. 복잡해지는 기업환경 속에서는 시장의 경쟁구조가 제품보다 기업생태계간 경쟁구조로 바뀌고 있으며, 플랫폼에 기반한 기업생태계를 구축해야만이 기업생태계간 경쟁에서 우위를 점할 수 있는 것이다(최병삼, 2010)앞서 살펴본 바와 같이 모바일 플랫폼구조분석에서 주로 활용되는 'C-P-N-T (Contents-Platform-Network-Terminal)' 모형은 플랫폼을 중심으로 콘텐츠, 네트워크, 기기의 통합적 운용이 필요하다는 것을 시사하고 있다. 본 연구는 이러한 CPNT 모형에 기업생태계의 주요 구성요소인 SPICE를 결합한 십자가형 아키텍처(architecture)의 모델을 도입하여 이용하고자 한다. 〈그림 1〉에서 볼 수 있는 십자가형 아키텍처 모델은 김기찬(2014)이 제안한 것으로 기업생태계의 플랫폼 전략을 분석하는데 유용한 연구방법론이라 할 수 있다. 십자가형 아키텍처 모형은 크게 환경, 자원, 주체, 프로세스로도 나누어 볼 수 있다. 사회(Society), 파트너(Partner), 고객(Customer)은 환경의 요소이고, 투자자(Investor), 종업원(Employee)은 자원의 요소이고, 플랫폼(Platform)은 주체이며, 콘텐츠(Contents), 네트워크(Network), 터미널(Terminal)은 환경, 자원, 주체가 어우러진 메커니즘(Mechanism)으로 볼 수 있다. 따라서 이는 조동성(2014)이 주장한 메커니즘 모형과도 잘 연계되는 것으로 파악된다.

(엄재근 외, 이머징마켓에서의 기업생태계 추진을 위한 이랜드차이나의 플랫폼 전략 사례 연구, 2014)

연구자는 실증연구를 진행한 경우에는 연구대상, 측정도구, 자료의 수집, 분석 방법 등에 대해서 밝혀야 한다. 필요에 따라서 독자들이 같은 방법으로 진행하였을 때, 같은 결과가 나올 수 있게 연구자는 자세하게 설명해주어야 한다. 연구논문이라는 것은 연구자가 연구한 것을 독자들에게 입증하는 것이다. 만약에 심사위원들이 연구자가 주장하는 것에 대해서 연구방법이 적절하지 않다고 생각한다면 연구자의 연구는 심각한 문제를 안고 있는 것이다. 그러므로 연구자는 연구방법의 선택에 있어서, 연구주제에 대해서 많은 고민을 하고, 선행연구를 통해서 신중하게 생각한 후에, 연구방법을 선택해야 한다. 연구방법에 따라서 많은 시간과 비용이 수반될 수도 있다. 적정하지 않은 연구방법을 따른다면, 연구논문의 완성도가 심하게 침해받을 수 있다. 연구방법을 설명할 때, 일반적으로 아래와 같은 내용을 담게 된다.

(1) 표본과 자료수집

연구자는 연구 표본에 대해서 구체적으로 설명하여야 한다. 독자들이 필요에 따라서 동일한 방법으로 동일한 자료를 수집할 수 있게 설명해주어야 한다. 연구자는 연구논문을 발표하는 것은 본인의 주장을 논리적으로 입증하는 것이다. 애매모호한 자료로 설명한다면 독자들뿐만 아니라 심사위원들도 수긍할 수 없을 것이다. 자료의 출처에 대해서 구체적이고 분명하게 설명하여야 한다.

(2) 변수의 정의

연구자는 본인이 선정한 변수들에 대해서 분명한 정의를 밝혀야 한다. 애매모호한 단어로 변수를 선정하고 자료를 선정하면, 독자들의 혼란이 더욱 커질 수밖에 없다. 연구자는 조작적 정의를 통해서, 변수들이 갖고 있는 의미를 독자들에게 명확하게 전달하여야 한다. 그리고 이러한 변수들이 주제에 있어서 무슨 의미가 있는지를 설명해야 한다. 때때로 주제와 무관한 통제변수를 넣는 경우가 있다. 연구자는 이러한 변수도 무슨 의미가 있는지를 설명해야 한다. 변수의 선택은 선행연구를 근거로 해서 설명하는 것이 독자들의 이해를 구하기가 쉽다. 애매모호한 변수는 연구자가 이에 대한 연구를 제대로 이해하지 못했다는 공격을 받기 쉽다. 변수가 분명하면, 연구자에게 있어서도 연구방향이 분명해진다. 변수에 맞추어서 자료수집의 방향을 세울 수 있고, 자료 분석방법도 고려될 수 있다.

(3) 분석방법

연구가설을 검증하기 위한 분석방법에 대해서 설명하여야 한다. 통계프로그램을 사용하였다면, 어떠한 프로그램을 사용해서 분석을 하였는지도 밝혀야 한다. 요즈음 통계프로그램도 다양해졌고 분석방법도 다양해지고 있다. 연구자는 분석방법에 대해서 또한 사용한 프로그램에 대해서 설명하므로, 독자들로 하여금 본인의 분석방법이 올바른 방법이었는지를 이해시켜야 한다. 때때로 연구자는 설문지 작성을 위해서 다른 연구방법에서 사용된 문제들을 사용하는 경우가 있는데, 연구자는 이에 대해서 출처를 밝혀야 하며, 측정항목에 대해서도 구체적으로 밝혀서, 본인의 연구방법을 설명하는 것이 좋다.

(4) 연구모형

연구모형은 연구자가 연구하고 있는 바를 그림으로 표현한 것이다. 연구모형의 목적은 간단한 그림으로 연구자가 주장하고자 하는 것을 독자들에게 알려주는 것이다. 그러므로 연구모형은 간결해야 한다. 그리고 그림을 통해서 무엇을 이야기 하고자 하는 것을 이해할 수 있어야 한다. 보통은 영향을 주는 변수들은 왼쪽에 있고, 영향을 받는 변수들은 오른쪽에 위치한다. 그림 2.1은 TRA 모형인데, 많은 사람들이 좋은 모형으로 많이 사용되는 모형이다. 그림으로 보면, 매우 편하게 볼 수 있다. 그리고 그림 2.2와 그림 2.3도 참고할 수 있다.

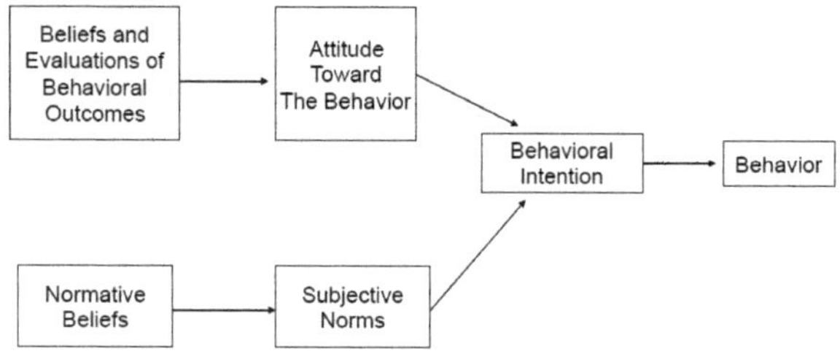

| 그림 2.1 | Theory of Reasoned Action (TRA)[4]

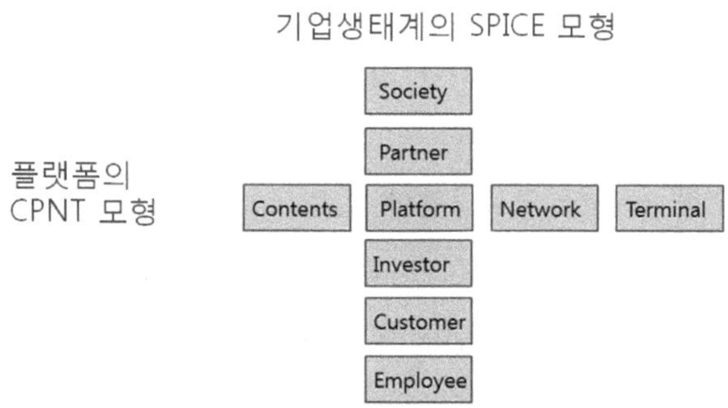

| 그림 2.2 | 플랫폼과 기업생태계 전략 설계의 틀[5]

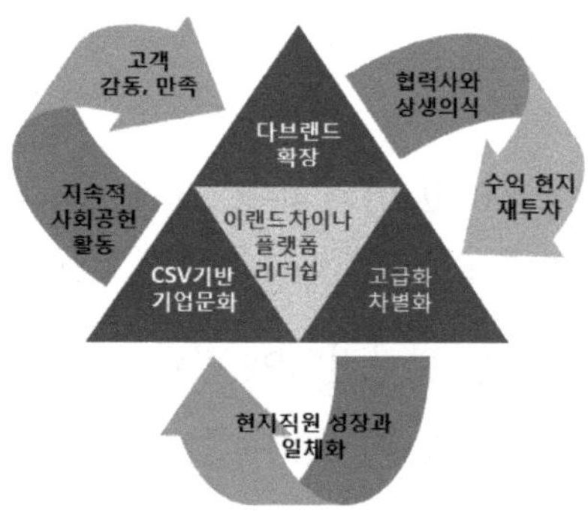

| 그림 2.3 | 이랜드차이나의 십자가형 아키텍처의 동태적 모형[6]

---

4) Fishbein, M. & Ajzen, I. (1975). Belief, attitude, intention, and behavior: An introduction to theory and research. Reading, MA: Addison-Wesley

5) 위에 제시한 플랫폼과 기업생태계 전략 설계의 틀: 십자가형 아키텍처 모델은 김기찬이 2014년 동아비즈 칼럼 "과수원처럼 꿀벌과 꽃을 함께 품자 플랫폼 경영으로 '인간상실'에서 탈출하자"에서 처음 제시한 것이다.

6) 십자가형 아키텍처의 동태적 모형은 사례2의 모델을 기초로 생태계의 동태성을 강조하기 위

5. 연구결과 제시

논문에서 연구자가 밝히고자 하는 본론이다. 연구결과는 연구자의 연구 실적이다. 연구자는 연구결과에 있어서, 신뢰성에 대해서 검증하고, 타당성을 확보해야 한다. 그리고 이에 기초해서 연구결과를 설명해야 한다. 독자들은 연구자가 제시하고 있는 연구결과에 대하여, 자료를 통해서 연구자가 주장하고자 하는 바를 받아들이게 되는 것이므로 연구자가 연구의 신뢰성과 타당성에 대한 설명을 제대로 하지 않는다면, 이후에 설명되는 연구결과에 대해서, 논리가 흔들리게 된다. 또한 연구자가 신뢰하기 힘든 자료를 갖고 일방적으로 주장한다면, 연구자의 논문에 대해서는 많은 비판을 받게 된다. 연구자는 항상 연구결과를 제시하면서, 어떻게 해야 본인의 주장이 논리적으로 독자들에게 설득력이 있게 받아들일 수 있는지에 대해서 고민해야 한다. 그리고 연구자는 연구결과에 대해서 독자들이 쉽게 이해할 수 있도록 , 표 혹은 그림 등으로 시각화해서 보여주는 것도 필요하다.

6. 결론

연구자는 결론에서 최종적으로 본인이 주장하고자 하는 부분을 간단하게 정리해서 밝혀야 하며, 본인의 연구가 학술적 혹은 실무적 가치가 어떻게 있는지를 설명해야 한다. 이때 연구에서 설명한 결과와는 다른 해석이나 과장된 해석은 피해야 한다. 그리고 연구가 가지고 있는 한계점도 설명해야 한다. 결론에서는 본문의 내용을 의미 없이 반복적으로 정리해서 결론을 마무리 한다면, 논문이 지루해지므로 삼가야 한다. 결론은 연구자의 주장했던 바를 적절하게 정리하고, 설명해야 한다. 연구자는 애매한 결론이 되지 않도록 주의해야하며, 정리하자면

하여 본 저자가 작성하여 제시한 모델이다.

아래와 같다.

1) 본문에서 주장한 바를 간결하게 정리
2) 학술적 가치를 설명
3) 실무적 가치를 설명
4) 논문이 가지고 있는 한계점
5) 이후 진행되어야 할 연구방향

7. 참고문헌

연구자는 참고문헌에서 본문에서 인용된 문헌들을 모두 정리해서 밝혀야 한다. 독자들이 필요하다면, 정확하게 찾아볼 수 있도록, 학술지 이름, 저자, 연도, 권수 호, 페이지 수까지 세세하게 적어야 한다. 적는 양식은 학술지마다 틀리므로, 투고할 논문이 결정되면, 양식을 확인하여야 한다. 하지만 쓰게되는 내용은 거의 차이가 없다.

■ **사례 2.6 : 참고문헌 사례**

강원. (2009). "현금흐름의 단기환노출과 결정요인에 관한 연구". 『재무관리연구』 제26권 제3호: 31-64.
고석관·소종일. (2012). "통화파생상품을 이용한 환위험헤지가 기업가치 및 환노출에 미치는 영향". 『재무관리연구』 제29권 제3호: 23-54.
곽태운. (2004). "환율변동의 수입물가 전가효과: 우리나라제조업의4단위분류를중심으로". 『국제통상연구』 제9권 제3호: 1-25.

8. 영문초록

학회지마다 영문초록을 삽입하는 곳이 논문의 앞부분 혹은 뒷부분으로 다를 수 있지만 제목과 초록을 영어로 변경하여 작성해야 한다는 점은 동일하다. 영문 초록으로 논문의 내용을 간략하게 소개하는 것이므로, 영문 표현에 대해서 고민을 많이 해야 한다. 간혹 논문들 중 영문초록이 국문초록과 다른 내용을 부분적으로 담고 있는 경우가 있다. 이런 경우에는 문제가 되지 않으나, 심사위원들의 지적을 받을 수 있다. 원칙적으로 국문초록과 영문초록이 동일한 내용들 담고 있어야 한다.

Chapter

03 연구계획서의 작성

연구계획서는 연구논문을 쓰기 위한 계획서이다. 건축으로 말하면 설계도와 같다. 혹은 여행을 가기 위한 계획서라고 생각해볼 수 있다. 여행계획서가 잘 만들어져야 여행지에서의 혼란을 줄일 수 있다. 그리고 시간과 돈을 효율적으로 사용하여, 즐거운 추억을 만들 수 있다. 연구논문을 위해서 연구자는 소중한 시간들을 잘 계획해야 한다. 자칫 연구 진행 중에 연구방향이 변경되거나 혹은 중단하게 되면, 그동안 투자한 시간들을 포기하고, 처음부터 다시 시작해야 할 수도 있다. 아니면 연구논문을 쓰면서 우왕좌왕하다가 처음 의도와는 다른 수준 낮은 논문을 만들 수 있다. 뛰어난 요리사라도 처음 만드는 요리가 아무 계획 없이 이루어지면 좋은 요리가 나오기가 힘들다. 모든 일에는 계획이 있어야 하고, 연구논문 역시 계획서 위에서 이루어지는 것이 좋다. 계획서가 잘 만들어지면, 많은 시행착오와 시간을 줄일 수 있는 것이다. 이 장에서는 연구의 시작인 연구계획서의 작성을 살펴보고자 한다. 이 장의 뒤쪽에 제시되어 있는 표 3.1를 참조하라.

1. 연구계획서 작성요령

연구계획서는 아래와 같은 항목들로 구성된다. 필요하다면, 항목을 추가하고, 필요 없다면, 항목을 없앨 수 있다. 연구자가 계획하고자 하는 논문에 대해서 잘 설명하는 연구계획서라면, 좋은 연구계획서인 것이다. 지도교수에게 보여주기 위해서, 작성하기도 하지만, 연구자 본인의 연구를 위해서 작성하는 계획서이므로, 최대한 성실하게 구체적으로 작성해야 한다. 물론 처음부터 연구자가 원하는 논문의 내용을 다 담을 수 없다. 우선 채울 수 있는 부분을 모두 채우고, 진행되면서, 채울 수 없는 부분은 나중으로 미룰 수 있다. 논문이 완성되는 순간까지 연구계획서는 수정되면서 완성되는 것이다. 일부 연구자 중에 연구계획서를 작성하지 않고, 바로 연구논문을 쓰기 시작하거나, 연구조사 등을 시작하기도 하는 사람도 있다. 하지만 연구계획서 없이 시작하다 보면, 배가 산으로 가듯이 연구가 처음의 의도와는 전혀 다른 방향으로 갈 수 있다. 다른 방향으로 가서라도 좋은 결실을 맺을 수도 있겠지만, 연구를 망칠 가능성이 매우 크다. 연구계획서는 연구자의 시간 낭비와 혼란을 피할 수 있다. 그렇다면 연구계획서를 잘 작성하는 법부터 배우고, 연구논문을 써가면서 수정해나가는 방법을 익히면 논문 작성에 많은 도움이 될 것이다. 연구계획서의 구성별로 정리해보면 다음과 같다.

2. 연구제목

많은 초보 연구자는 연구주제의 벽에 부딪힌다. 어떠한 연구주제를 선정해야 하는 지가 만만하지 않다. 주저 없이 연구주제를 잡을 수 있는 것은, 노련한 연구자들에게나 가능하다. 그래서 초보 연구자는 다양한 논문을 참고해야 한다. 가끔씩 초보 연구자 중에는 노벨상을 겨냥하듯이, 거창한 연구주제를 잡는 경우가 있다. 거창한 연구주제는 쓰기도 불가능할 뿐만 아니라, 어디서부터 시작해야할 지를 모른다. 주제를 너무 넓게 잡으면, 선행연구만 살피다가 포기할 수도 있다. 가능한 주제는 구체적이어야 하고, 본인 능력 범위에서 도전하는 것이 좋다. 그래서 가능하면, 주제를 계속 좁혀나가는 것이 필요하다. 특히 본인이 잘 이해하고 있는 범위에서 정하는 것이 좋다. 예를 들면 다음과 같다.

■ **사례 3.1 : 주제 잡기**

> 너무 거창한 주제
> 기업생태계의 발전에 대해서 - 연구범위가 너무 넓다
> 한국기업의 성공 전략 - 대상도 넓고 연구 분야도 막연하다.
> 주제를 좁혀라
> 기업생태계에서 플랫폼 전략 - A기업 사례를 중심으로
> A기업의 성공 전략 - ser-M 메커니즘으로의 접근
> 주제를 더 좁히면 좋다
> 중국시장에서 플랫폼 전략 - A기업의 진출 사례
> 한국유통시장에서 A기업의 성공 전략 - ser-M 메커니즘으로의 접근

학술지 게재를 위해서 초파리의 연구에 대해서 예를 들기도 한다. 초파리는 매우 작아서, 초파리를 연구한다고 하면, 분야가 매우 작아 보인다. 하지만 논문으로 보면, 초파리 자체로도 큰 분야로 볼 수 있다. 그래서 초파리 전체를 연구하면 안 되고, 초파리에서 오른발에 있는 새끼발가락의 발톱에 낀 때를 연구해야만 학술지에 게재된다고 말하는 사람도 있다. 이는 연구논문은 아주 구체적이어야 하고, 주장하는 바가 간결하고 통일성이 있어야 한다는 것을 의미한 내용일 것이다. 넓고 멋있는 주제를 잡아야만 학술지에 게재되는 것이 아니다. 학술지에 게재되는 논문들을 보면, 연구자가 어떠한 연구를 하였는지 쉽게 이해하고, 분명하게 이해할 수 있고, 범위가 명확하다. 연구주제를 잡을 때, 가능한 연구자 자신이 잘 이해하고 있고, 구체적으로 쓸 수 있는 주제를 잡는 것이 좋다. 자신이 생각하고 있는 핵심단어(Key word)들을 정리해서, 핵심단어에 맞는 논문을 검색하는 것도 좋은 방법이다. 네이버 전문정보(academic.naver.com) 혹은 구글 학술검색(scholar.google.co.kr)를 이용하면, 다양한 논문과 자료들을 검색할 수 있다. 그림 3.1에서 그림 3.4와 같이 해당 사이트로 가서, 핵심단어를 중심으로 관심영역의 정보를 찾다보면, 본인이 생각하고 있던 논문과 유사한 논문을 찾을 수 있다. 이렇게 찾은 논문은 연구자에게 있어서 핵심논문(Key article)에 해당 된다. 핵심논문을 천천히 읽다 보면, 연구계획서에 필요한 정보들을 얻을 수 있다. 이

러한 정보들을 기초로 제목을 분명하고, 간결하게 정하여야 한다. 제목은 연구주제와 내용을 함축적이고, 간결하고, 명료하게 담고 있어야 한다. 위의 예에서 보았듯이 너무 거창한 제목으로 광범위하게 잡으면, 연구 역시 구체적이지 못하고 망망한 사막을 걷는 기분으로 진행하게 된다. 연구제목은 독자들이 쉽게 내용을 유추할 수 있게 정해야 한다. 연구계획서를 작성할 때에는 연구제목을 한 번에 확정할 필요는 없다. 연구제목이 어려우면, 간단하게 연구주제를 정리하여 제목을 달아두면 된다. 연구제목은 투고하고 나서도 심사위원의 지적에 따라서 바꾸는 경우가 많다.

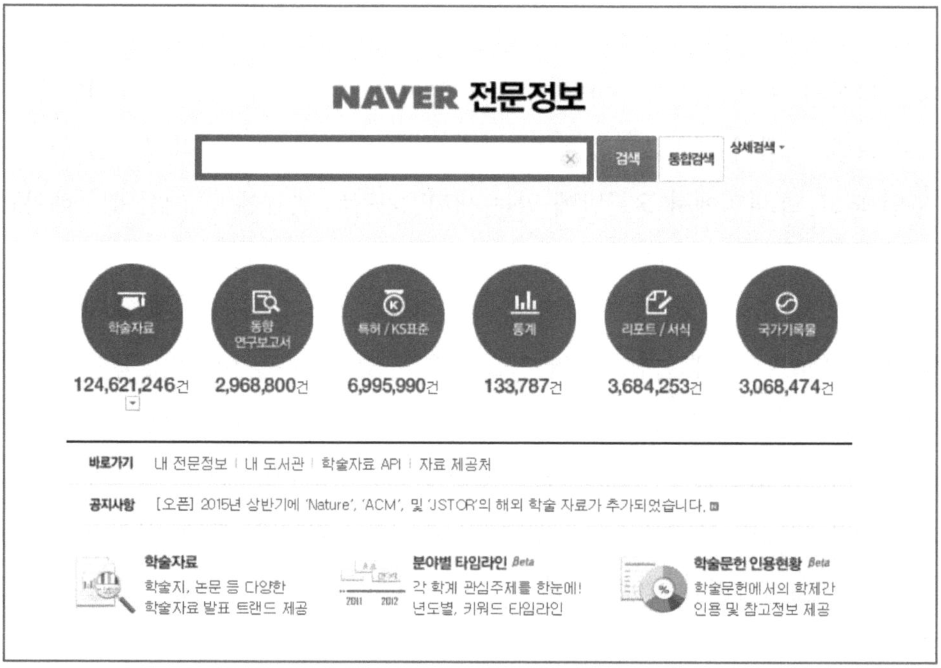

| 그림 3.1 | **네이버 전문정보**

소재들을 정리해본다. 이때 쓰는 내용이 반드시 투고 논문에 내용으로 들어갈 필요는 없다. 지금의 과정들이 논문쓰기에 익숙해지기 위한 연습과제라고 생각하면 좋다. 소재들을 나누어서, 편한 마음으로 논문 구성을 해보고, 정리해보자. 그리고 주변의 동료 연구자들에게 본인 논문에 대해 소개도 해보고, 조언도 듣다 보면, 논문 전체를 볼 수 있는 눈이 점점 길러질 것이다. 익숙해지면 심적으로 쉬워진다. 처음부터 머리를 싸매고 논문을 구성하려고 하지 말자. 브레인스토밍처럼 편하게 써보자. 이런 과정들을 반복적으로 거치다 보면, 언젠가는 수준 높은 논문들을 쓰는 연구자로 성장할 것이다.

▣ 참고문헌

논문

강원. (2009). “현금흐름의 단기환노출과 결정요인에 관한 연구”. 『재무관리연구』 제26권 제3호: pp.31-64.

고석관·소종일. (2012). “통화파생상품을 이용한 환위험헤지가 기업가치 및 환노출에 미치는 영향”. 『재무관리연구』 제29권 제3호: pp.23-54.

곽태운. 2004, “환율변동의 수입물가 전가효과: 우리나라 제조업의 4단위 분류를 중심으로”. 국제통상연구, 제9권, 제3호: pp.1-25.

엄재근, 정창권, 설원식, 2014, “환노출과 환노출 완화전략의 인과관계에 관한 탐색적 연구; 시스템사고에 의한 접근,” ‘한국시스템다이내믹스연구’, 제15권 제2호, pp.97-131.

엄재근, 설원식, 2014, 이머징마켓에서의 기업생태계 추진을 위한 이랜드차이나의 플랫폼 전략 사례 연구, 경영컨설팅연구, 제14권 제4호, pp.201-212

이상기, 강명수, 2015, “모바일 지갑 시장확대를 위한 사용요인에 관한 연구: 제품특성을 중심으로,” ‘상품학연구’, 제33권 제6호, pp.99-114.

이상기, 강명수, 2016, “O2O의 구전의도에 미치는 요인: 사용자 만족과 지속적 사용의도의 매개효과와 성별 조절효과를 중심으로”, ‘한국기업경영학회’, 제23권 제1호, pp.155-190.

Fishbein, M. & Ajzen, I. (1975). Belief, attitude, intention, and behavior: An introduction to theory and research. Reading, MA: Addison-Wesley.

Sung-Bin Yoon, Erin Cho, 2016, “Convergence adoption model(CAM) in the context of a smart car service,” ‘Computers in Human Behavior’, No.60, pp.50-57.

서적

구자원 지음, 샐러던트를 위한 논문작성법, 한나래, 2012.

김기홍 지음, 논문작성 이렇게 해라, 시대의창, 2011.

김상현 지음, 영어로 논문쓰기, 넥서스, 2006.
김병섭 외 지음, 학술원고 작성 매뉴얼, 대영문화사, 2011.
박규상 지음, 처음쓰는 논문쓰기, 2014.
박창원 외, 논문작성법, 2012.
성태제, 시기자 지음, 연구방법론, 학지사, 2010.
옥치상 지음, 연구방법론과 논문작성법, 지구문화사, 2001.
최은주 외, 논문쓰기 절대 매뉴얼, 넥서스, 2014.
도다야마 가즈히사 지음, 홍병선, 김장용 옮김, 초보자를 위한 논문쓰기 교실, 어문학사, 2015.
부스 외 지음, 학술논문작성법, 나남, 2012.
국어국문학자료사전, 이응백, 김원경, 김선풍, 1998.

기타 자료

김기찬 (2014), "과수원처럼 꿀벌과 꽃을 함께 품자 플랫폼 경영으로 '인간상실'에서 탈출하자," 동아비즈, 14, pp.44-56.
한국연구재단 KCI 문헌 유사도 검사서비스 이용자 매뉴얼

인터넷 자료

구글스칼라 홈페이지 https://scholar.google.co.kr/
네이버 전문정보 홈페이지 http://academic.naver.com/
한국경영컨설팅학회 홈페이지 http://www.ks-mc.or.kr/main.php
한국경영학회 홈페이지 http://www.kasba.or.kr/
한국연구재단 홈페이지 http://www.nrf.re.kr/nrf_tot_cms/index.jsp?pmi-sso-return2=none

Appendix 1 등재지와 등재후보지 목록 (경영학)

한국연구재단에서 발표하는 등재지와 등재후보지에 대해서 조회할 수 있다.

https://www.kci.go.kr/kciportal/main.kci

경영학 독자들을 위해서 2016년 12월 8일자 경영학 조회리스트를 게재한다. 경영학관련 학회지가 아니어도 투고할 수 있는 학회지는 다양하므로, 등재지에 대해서 다양하게 정보를 얻는 것이 좋다. 타 전공 관련자들도 위의 사이트로 들어가면 관련 정보를 얻을 수 있다.

등재 학술지 목록

연번	등재 선정연도	대분야	중분야	학술지명
1	2010	사회과학	경영학	산업혁신연구
2	2013	사회과학	경영학	글로벌경영학회지
3	2011	사회과학	경영학	경영과 정보연구
4	2005	사회과학	경영학	대한경영학회지
5	2005	사회과학	경영학	보험금융연구
6	2016	사회과학	경영학	사회적기업연구(Social Enterprise Studies)
7	2016년	사회과학	경영학	Global Business and Finance Review
8	2009	사회과학	경영학	Seoul Journal of Business
9	2008	사회과학	경영학	Entrue Journal of Information Technology

연번	등재 선정연도	대분야	중분야	학술지명
10	2015	사회과학	경영학	연세경영연구
11	2015	사회과학	경영학	한국HRD연구
12	2016	사회과학	경영학	창조와 혁신
13	2010	사회과학	경영학	한국IT서비스학회지
14	2002	사회과학	경영학	경영과학
15	2001	사회과학	경영학	MSFE(Management Science & Financial Engineering)
16	2001	사회과학	경영학	한국경영과학회지
17	2007	사회과학	경영학	경영교육연구
18	2001	사회과학	경영학	Asia Pacific Journal of Information Systems
19	2005	사회과학	경영학	Information Systems Review
20	2009	사회과학	경영학	Korea Business Review
21	2001	사회과학	경영학	경영학연구
22	2006	사회과학	경영학	고객만족경영연구
23	2007	사회과학	경영학	산업관계연구
24	2008	사회과학	경영학	국제경영리뷰
25	2001	사회과학	경영학	국제경영연구
26	2010	사회과학	경영학	金融工學硏究(금융공학연구)
27	2010	사회과학	경영학	기업경영연구
28	2005	사회과학	경영학	Journal of Information Technology Applications & Management
29	2012	사회과학	경영학	로고스경영연구
30	2007	사회과학	경영학	로지스틱스연구
31	2016	사회과학	경영학	리스크관리연구
32	2006	사회과학	경영학	Journal of Global Scholars of Marketing Science(마케팅과학연구)
33	2016	사회과학	경영학	Journal of Global Fashion Marketing
34	2006	사회과학	경영학	마케팅관리연구

연번	등재 선정연도	대분야	중분야	학술지명
35	2006	사회과학	경영학	아시아마케팅저널
36	2003	사회과학	경영학	마케팅연구
37	2016	사회과학	경영학	문화산업연구
38	2006	사회과학	경영학	물류학회지
39	2013	사회과학	경영학	벤처창업연구
40	2016	사회과학	경영학	병원경영학회지
41	2004	사회과학	경영학	보험학회지
42	2005	사회과학	경영학	비서학논총
43	2003	사회과학	경영학	경영연구
44	2016	사회과학	경영학	상품학연구
45	2007	사회과학	경영학	한국생산관리학회지
46	2006	사회과학	경영학	생산성논집
47	2007	사회과학	경영학	서비스경영학회지
48	2004	사회과학	경영학	유통연구
49	2005	사회과학	경영학	조직과 인사관리연구
50	2004	사회과학	경영학	인사조직연구
51	2016	사회과학	경영학	인적자원개발연구
52	2008	사회과학	경영학	인적자원관리연구
53	2008	사회과학	경영학	인터넷전자상거래연구
54	2005	사회과학	경영학	재무관리연구
55	2003	사회과학	경영학	재무연구
56	2005	사회과학	경영학	전략경영연구
57	2010	사회과학	경영학	마케팅논집(Journal of Marketing Studies)
58	2007	사회과학	경영학	정보시스템연구
59	2006	사회과학	경영학	기업가정신과 벤처연구
60	2002	사회과학	경영학	중소기업연구
61	2009	사회과학	경영학	한국증권학회지

연번	등재 선정연도	대분야	중분야	학술지명
62	2001	사회과학	경영학	Asia-Pacific Journal of Financial Studies
63	2007	사회과학	경영학	지식경영연구
64	2016	사회과학	경영학	한국창업학회지
65	2005	사회과학	경영학	선물연구
66	2011	사회과학	경영학	한국항공경영학회지
67	2012	사회과학	경영학	해양비즈니스
68	2006	사회과학	경영학	한일경상논집

등재 후보지 목록

연번	등재후보 선정연도	대분야	중분야	학술지명
1	2010	사회과학	경영학	의료경영학연구
2	2014	사회과학	경영학	경영경제
3	2016	사회과학	경영학	경영컨설팅 리뷰
4	2015	사회과학	경영학	리더십연구
5	2016	사회과학	경영학	자산운용연구
6	2016	사회과학	경영학	경영논총
7	2015	사회과학	경영학	경영경제연구
8	2011	사회과학	경영학	경영컨설팅연구
9	2015	사회과학	경영학	The East Asian Journal of Business Management
10	2009	사회과학	경영학	전문경영인연구

Appendix **2**

박사과정 도전부터 학위수여까지 에피소드 10가지 - 배병옥 지음

직장인으로서, 나이와 환경을 극복하고, 박사 과정에 도전해서, 3년 만에 학위를 받은 배병옥 박사의 논문작성기 스토리를 게재한다. 주변의 어려운 환경에도 불구하고 직장과 학업을 병행하고 있는 초보 연구자들에게 좋은 귀감이 될 사례가 될 것이다.

지은이 소개

현재 한국전력거래소 교육센터장으로 일하고 있다. 1986년 한국전력공사에 입사하여 14년을 재직하다가 2001년 전력산업구조개편 일환으로 발족된 전력거래소로 전직하여 16년째 현업에 종사하고 있다. 30년째 공기업에서 회사생활 하는 동안 가장 많이 일하고 경험한 부서는 인사, 교육 및 노무부서이다. 대학을 졸업하고 회사에 입사한 이래 지금까지 아침 새벽시간을 이용해 자기개발에 힘써온 덕분에 '경영학 박사'라는 호칭을 하나 덧붙이게 되었다고 하였다. 한양대학교에서 경영학 석사를 마치고 서울대학교 경영대학원의 최고 경영자과정 그리고 고려대학교 노동대학원의 노사정 최고위과정을 거쳐 박사학위를 받기까지 쉼없이 배움의 길을 걸어왔다.

현재는 어시스트(aSSIST)에서 겸임교수를 맡고 있으며, 앞으로도 기업실무경험과 이론적 지식을 여러 사람들과 공유할 기회를 갖는 것이 인생 2막의 희망이다.

Episode 1 왜! 박사학위인가?

평소 자기개발을 꾸준히 이어왔지만 처음부터 박사학위까지 해야 되겠다는 목표는 없었다. 자기개발은 내 삶의 일부였다. 마치 밥을 먹듯이 나를 지탱해주고 영양소를 제공하는 원천으로 생각하였다. 직장생활을 시작한 1986년부터 지금까지 이어지고 있는 자기개발은 그때그때 상황에 따라 나에게 가장 필요한 역량을 목표로 세워 추진하는 내 삶의 프로세스이다. '아침형 인간'이라는 책도 있었지만 주로 자기개발에 쓰인 시간은 아침에 이루어져 왔다.

어느 한 분야에 10,000시간만 할애한다면 그 분야의 전문가가 된다

일 년에 다섯 손가락 안에 들어갈 만한 특별한 날을 제외하고는 아침 5시경부터 하루를 시작했다. 직장인으로서의 기본자세를 유지하기 위해서는 오직 아침 일어난 시간부터 근무가 시작하기 전까지의 '아침' 시간밖에 없다고 생각했었다. 직장생활을 시작하고 나서부터 지속하고 있으니 30년째 아침시간을 이용했다. 1년에 300일만 잡아도 하루에 2시간씩 계산하면 18,000시간이 나온다. '10,000시간의 법칙'이라는 말이 있다. 어느 한 분야에 10,000시간만 할애한다면 그 분야의 전문가가 된다는 뜻이다. 그렇게 본다면 약 2개 분야에서 전문가라는 소리를 듣는 정도의 시간을 자기개발에 쏟아 부었다는 말이다.

물론 난 어느 분야에도 전문가라는 말을 들을 정도의 전문역량을 갖지 못하고 있다. 무엇이 문제였을까? 생각해보니 그동안 그 시간을 나름대로는 적절하게 활용 했었다고는 하지만 어느 한 분야에 집중하지는 못했다. 아마 처음부터 뚜렷한 목표를 갖고 몰입하였다면 내가 확보했던 아침시간만 가지고도 최소 2개 분야에서 전문가의 소리를 들을 정도의 역량을 갖추었을 것이다. 하지만 난 그때그때 내가 가장 필요한 분야에 아침시간이라는 자원을 활용하였다.

때로는 테니스 레슨을 받으면서 2년이란 세월을 보내 적도 있고, 영어학원을 다니면서 보낸 시간만 해도 모두 합하면 약 4년 정도의 시간을 보냈을 것이다.

중간 중간 자격공부를 한다고 보내기도 했고 한동안은 헬스를 한다고 아침시간을 활용했다.

내가 선택할 수 있는 최적의 목표는 '경영학 박사학위'였다

지금 생각해보면 현재의 위치에서 건강하게 직장생활을 영위하고 꿈을 찾아갈 수 있었던 에너지의 원천은 '아침형 인간'으로 생활했기에 가능한 일이었다. 그러나 아쉬운 점은 장기적인 인생의 목표 같은 것은 설정하지 못하고 했던 것이었다. 그러한 생각이 나 자신에게 단서를 제공한 것이 있다. 바로 그것은 "이제라도 한 분야의 전문가가 되어 보라는 신호"를 보낸 것이다. 그때 당시 나이 50십이 넘었다. 남들은 하던 공부도 멈추고, 골프나 등산에 재미를 느끼며 인생을 즐기는 쪽으로 방향을 잡아가는 데, 나는 오히려 그동안 내 마음속 저 밑에 숨겨놓았던 불덩어리 같은 욕망을 끄집어내려고 하고 있었다.

그때까지 줄곧 공부를 해왔기에 책을 보는 것은 자신 있었다. 그리고 우연인지 필연인지 난 고등학교부터 대학교, 대학원 석사과정까지 전공과목이 경영학이었다.

(내 마음속에서 일어난 풍랑~ 왜! 해야만 하는가?)

내가 가지고 있는 모든 자원을 종합해볼 때, 내가 선택할 수 있는 최적의 목표는 '경영학 박사학위'였다. 그리고 직장생활 중 가장 많이 근무했던 부서가 경영지원 업무 중 인사와 교육업무였다. 그래서 박사과정을 공부한다고 해도 전공을 '인사 분야'로 하고자 했던 것이다. 언제부터인가 학위과정에 관심은 가졌지만 도저히 엄두가 나지 안 했다. 이 나이에 무엇을 위해 박사학위를 받는다는 말인가? 이 물음은 나만이 그런 것이 아니라, 내 희망을 듣는 사람의 90%이상은 그러한 반응을 보였다. 그러나 그 당시는 단지 박사과정을 다니면서 체계적인 공부를 해보자하는 생각만 가지고 있었지 박사학위를 받고서 무엇을 해보겠다는 구체적인 계획이 있었던 없었다. 그래서 또 다른 본질적인 질문이 내 마음속에서 일어

났다. 박사학위를 받으려면 상당한 정도의 돈과 시간이 절대적으로 필요로 하는데 가능한 것인가? 하는 물음이었다. 박사과정을 수료하기까지 소요되는 비용은 학교마다 다르지만 최소 5천만 원 정도 추산한다. 시간소요는 각자 연구과정 기간에 따라 많이 다르지만 최소 3년이고 평균 5년 정도 예상된다.

(하루는 'Yes', 하루는 'No'를 반복하다)

박사과정 도전에 대해서 조금 구체적으로 파악할수록 그동안 가졌던 확신도 의문으로 변하기 시작했다. 약 1개월 정도 박사과정 도전을 화두로 심하게 고민을 했었다. 물론 아내를 납득시켜야 한다는 과제도 포함되었다. 하루는 'Yes', 하루는 'No'를 반복하면서 관련사항에 대해서 인터넷 검색을 무지하게 했던 기억이 난다. 그러나 남들의 의견은 혼란만 가중시키는 것 같았다.

(내 의사에 따르면서 응원해준 아내에게 감사와 미안한 마음)

오직 결정은 내가 하는 것이고 책임도 내가 지는 심정으로 최종적 '도전'하겠다는 결심을 하고나서 아내에게 내 심정을 진정성 있게 설명하였다. 그리고 어려운 형편이지만 나의 소원이니 지원해달라고 요청도 함께 하였다. 처음에는 돈 문제를 포함하여 아이들 문제까지를 거론하며 거절의 의사를 보였던 아내는 결국 내 의지에 따르겠다고 하며 열심히 해보라는 용기와 함께 응원을 해주었다. 참으로 아내에게 감사하고 미안할 따름이었다. 그런 우여곡절 끝에 2013년 1월 박사과정에 도전하기로 결정하고 다음단계를 준비하게 되었다.

Episode 2 왜 하필! 서울과학종합대학원대학교(aSSIST)인가?

당시 회사에서 내입장이 참으로 민감한 시기였다. 부장 7년차이었기에 다음단계로 승진해야 될 시기로 업무성과를 내야하는 강박관념이 있었던 시기였다. 그래서 회사업무에 좀 더 집중해야 될 입장이었다. 그러나 다른 측면의 문제점으로는 그 당시 기준으로 2년 후면 '공기업 지방이전'에 따른 정부정책으로 회사 본사를 전라남도 나주에 있는 '광주·전남 혁신도시'로 이전하는 것으로 계획되어 있었다. 그러니 이왕 박사과정에 도전한다면 서울에 있는 동안 코스웍(course work)이라도 받고 싶었던 것이었다. 위 두 가지의 상충된 고민과 '연령' 문제까지를 고려하면서 공부할 수 있는 박사과정이 어느 곳에 있을까? 하고 찾아본 결과 내가 원하는 조건을 충족할만한 학교를 접하게 된 것이다.

경영학이란 학문도 과학적이고 종합적인 사고로 접근해야 한다.

바로 그곳이 서울과학종합대원원대학교(aSSIST, Seoul School of Integrated Sciences & Technologies)이었다. 그곳은 몇 가지 특징이 있었다. 우선 학교 명칭이 여느 대학과는 사뭇 다르다. 그 학교는 경영학 석·박사 전문대학원이다. '대학원대학교'라는 명칭은 학사과정은 없고 석·박사과정만이 있는 학교를 부를 때 그런 이름을 붙인다. 경영대학원인데 '과학종합'이란 표현은 경영이란 학문도 궁극에 가서는 계량화해서 과학적으로 전·후 관계를 입증하고 종합적 사고로 접근해야 된다는 학교의 기본 철학에서 나온 것이다.

다른 하나는 학교 건물이라고 해보았자 달랑 빌딩하나 있었다. 마치 처음에는 입시학원 같은 생각이 들었는데, 사실 외국의 경우 그런 형태의 대학이 많은 것으로 알고 있다. 또한 학교에 상주하는 교수님은 몇 분 안계시고 대부분의 교수님은 국내·외의 유명 교수님을 초빙하여 한 학기동안 해당과목은 강의하는 방식이었다. 그리고 수업은 오로지 토·일요일에만 진행되어 직장인에게는 최적의 공부할 수 여건을 만들어 준 것이다.

여러 가지 조건을 놓고 박사과정 학교를 선택하고 있을 때, 마치 어시스트에서 '경영학박사과정 모집 설명회'를 갖는다는 것을 알게 되었다. 모든 일을 제쳐두고 참석했었다. 학교 설명에 이어 그 학교를 졸업한 박사 선배들의 이야기가 이어지는데 들어보니 내가 찾고 있는 조건들을 수용하고 있는 학교였다. 즉, 나

같은 직장인이 회사업무에 소홀함 없이 다니면서 체계적인 수업으로 빠른 시일 내에 학위논문을 작성할 수 있는 시스템을 갖고 있는 학교라는 것을 피부로 느끼게 되었다. 선배들의 이야기는 마치 내가 가고자 하는 길을 갔던 것처럼 나와 동일시되어 그곳에서 박사과정을 밟으면 나도 할 수 있겠구나 하는 자심감이 마구 들었다. 그 길로 집에 돌아와 아내와 상의한 끝에 그곳에서 박사과정을 공부하는 것으로 결정하게 된 것이다. 며칠 뒤 입학 면접이 있었고, 얼마 후 학교 측으로부터 일정 조건을 통과하였기에 합격이 되었다는 통보가 왔다.

(3년 동안 토 · 일요일은 학교에서 지내야 했다)

그래서 2013년 3월부터 서울과학종합대학원대학교(aSSIST)에서 1학기 수업부터 받게 된 것이다. 그로부터 3년 동안 토·일요일은 대부분 학교에서 지내야 되었기에 과거의 휴일 날 즐겼던 등산과 골프는 아쉽지만 자연스럽게 멀리하게 되었다. 그래도 휴일이면 휴식을 취하지 못한 이유로 피곤할 것 같은데도 과거보다 더욱더 활기가 넘치는 휴일이 되었다. 새로운 지식이 내 머릿속에 흘러 들어오고 사회적으로 경험이 풍부하고 방대한 실무지식을 겸비한 학우들과의 토론식 수업을 진행하다 보면 정말 많은 것을 배우고 깨닫기 때문이었다.

Episode 3 박사과정의 코스웍(course work)

2년 동안 코스웍을 마치고 나며 다음 연도부터는 연구지도과정이 계속된다. 그러나 최소 1년의 연구지도과정은 필수과정으로 되어있다. 박사과정 1년차에는 주로 연구방법론을 배우는 시간이 되며, 2년차는 전공수업과 연구세미나로 진행되었다. 2년차까지 필수 이수학점은 총 36학점이 된다. 3년차는 콜로키움과 그룹세미나에 참석하여 논문발표와 연구 지도를 받는 시간이 된다. 최소 3년이 기본 코스웍 기간이라고 보면 된다. 토요일과 일요일에만 수업이 진행되기에 수업은 오전 8시 30분부터 시작해서 오후 6시 15분에 종료된다. 정말 과거 학창시절에 했던 어느 수업보다도 밀도 높은 수업이 진행되었다. 모든 과목마다 일정한 평가 기준에 평점을 부여하는데, 그 결과가 B학점 이상이어야 과목 이수 조건이 된다. 보통 평가는 시험성적, 과제평가, 출결상황, 학습태도 등을 종합하여 평가가 이루어진다.

(박사과정 중 6가지 장애물을 통과해야 박사학위논문을 작성할 수 있다)

또한, 2년차까지는 '박사자격시험'에 통과되어야 학위논문을 제출할 수 있는 조건이 된다. 자격시험은 최소 24학점을 이수한 이후부터 응시할 수 있는데 시험과목은 외국어시험과 전공 종합시험으로 구성된다. 또 다른 논문심사 조건으로는 첫 번째, '콜로키움(Colloquium)'에서 최소 1회 이상 논문 발표를 해야 한다. 이는 학교 자체에서 마련된 일종의 월간 학술대회인데 재학생 물론 박사과정 수료자를 포함하여 발표논문에 관심 있는 모든 사람들이 모여 한 사람의 논문 발표와 발표 논문에 대한 토론과 질의응답이 이루어지는 자리이다. 그곳에서 발표된 논문은 보통은 학술지 등에 게재된 논문이지만, 게재하기 전 논문도 사전점검 형식으로 발표할 수 있다.

이와는 별도로 연구지도교수별로 마련된 매월 1회 '그룹세미나과정'에 출석하여 그동안 연구실적을 발표하고 참석자 간에 토론과 질의응답이 이루어진다. 3년차까지는 그룹세미나와 콜로키움 시간에 최소 60% 이상은 참석해야 하는 규정이 있다. 그 이외에 국내·외에서 개최되는 경영학 관련 정기 학술대회에 1회 이상 참석해야 한다.

그러나 가장 중요하고 가장 핵심이 되는 조건이 '학회지 논문게재요건'이었다. 국내 · 외 학회지에 최소 3편 이상 논문을 게재해야 한다. 이때 게재된 논문의 주 저자가 학생 본인이 되어야 하며, 박사학위가 없는 사람을 공동저자로 해서는 안 된다. 단, 국내 학술지에 게재하려면 3편 중 최소 2편은 한국연구재단에서 발표한 등재학술지에 게재되어야 한다. 이상 6가지가 어시스트의 박사학위 취득 기본 조건이 된다.

SPSS의이해, 시스템다이내믹스이해, Amos통계처리, 구조방정식 등 난해한 통계 분석

어시스트의 수업 특징은 마치 대학생들이 받는 형태의 수업처럼 같은 학년별로 전체 학생들을 대상으로 담당과목별로 교수가 토론식 위주의 강의와 매시간별 과제가 주어진다. 과목이 종료되는 시점에서는 평가가 이루어지며, 평가결과 B학점 이상 획득해야만 그 과목이 이수된 것으로 본다. 학년별 수강과목 배치도 특징이 있다. 1년차에서는 연구방법론이 집중적으로 다루어진다. 연구조사방법론, SPSS의이해, 통계학세미나, 시스템다이내믹스이해, Amos통계처리, 구조방정식, 질적연구방법론, 실증연구방법론 등으로 실제 논문작성 방법론과 통계 프로그램 실습이 이루어진다. 나 같은 경우는 그 이전에 통계처리를 많이 안 해보았기에 상당히 버거운 수업들이었지만 모든 과정을 이수하고 난 이후에는 뭔지 모를 뿌듯함과 자심감이 솟아났다.

매 과목마다 연구방법론이 다른 수업이기에 모든 학생들은 본인이 구상하고 있는 연구계획을 해당 과목별 연구방법론에 맞추어 발표하는 시간을 가졌다. 발표에 이어 다른 동료 학생들의 의견과 질의응답이 이루어지면서 마지막에는 지도교수의 피드백을 받아 수정하고 보완하여 해당과목 통계실습 결과물로 지도교수에게 제출하도록 하였다.

통찰(insight)은 경험을 지식으로 변화시키는 과정

2년차에는 주로 경영학 수업이 이루어졌는데 과목별로 외부의 저명한 교수님들이 한 과목씩 맡은 형태로 수업이 진행되었다. 그러다 보니 매번 수업시간이 외부 특강처럼 새로운 지식과 요즈음의 경영 트랜드를 읽을 수 있는 매우 유익한 수업이 되었다. 코스웍 기간에 가장 많이 들었던 단어는 통찰(insight)이었다. 통찰의 사전적 의미는 '예리한 관찰력으로 사물을 꿰뚫어 봄'이라고 정의되어진다. 즉, 인간의 감각기관을 통한 경험을 지식으로 변화시키는 과정이라고 볼 수 있다. 논문을 작성하려면 본인이 관심 있는 분야에 대해 반드시 통찰이 필요한 것이다. 그래서 각자가 생각한 논문 주제에 대해 이미 본인의 머릿속에 연구모형이 그려져 있어야 한다. 그리고 그 주제와 관련된 선행논문을 통해 현재까지 정립되어진 이론적, 학문적인 결과를 토대로 본인이 연구할 세부분야를 선정되게 되는 것이다.

[플랫폼(platform)은 관계의 인터페이스이고, 관계의 촉매제이다]

2년차에서 진행되었던 수업 중 몇 개 과정을 소개하자면 카톨릭대학교 경영학부에 재직하고 계신 김기찬교수의 '경영자가 공동으로 지향해야 하는 평가시스템(CSV, Creating Shared Value)에 대한 연구 세미나' 수업에서 '플랫폼(platform) 전략'이 기억에 많이 남는다. 현대 사업 트랜드는 플랫폼사업이며 실제 세계적인 IT기업인 애플이나 구글 혹은 아마존 같은 기업도 플랫폼을 기반으로 사업을 확장하고 있다. 김기찬교수에 따르면 "플랫폼은 관계의 인터페이스이고, 관계의 촉매제이다.' 라고 정의하면서 플랫폼은 '중개기능, 관중 동원기능, 비용 절감기능이 있다." 라고 설명한 기억이 난다.

세계 유명 브랜드핸드백의 60% 이상을 만들고 있는 한국기업 '시몬느'의 성공 스토리

다음은 숙명여대 유효상교수의 '기업가정신세미나'에서는 기업가정신의 개념과 성공기업가에 대한 연구세미나가 진행되었다. 여러 성공기업가를 소개하면서 유독 강조한 기업이 국내에 있는 '시몬느'이었다. 우리에게 그리 친숙하지 않는 기업이면서도 세계적으로 독보적인 위치에 있는 잠재 성장 기업이어서 본인이 직접 경험하고 조사한 바를 토대로 '시몬느스토리'라는 책까지 출판하였다. 책의 주요내용은 루이뷔통, 코치, 마이클코어스, 마크제이콥스, DKNY, 겐조, 지방시, 버버리, 셀린느 등 세계 유명 브랜드핸드백의 60% 이상을 만들고 있는 한국기업 '시몬느'의 성공 스토리를 들려준다. 그것도 흔히 개발도상국들 무역방식의 OEM과 같은 단순 하청 생산을 떠올리며 시몬느의 업적을 별것 아니라고 치부해서는 안 된다. 시몬느의 주된 생산방식은 ODM(Original Development Manufacturing, 생산자 주도 방식)이다. 즉, 주문을 의뢰받은 회사가 상품 개발과 생산과정 전체를 담당하는 시스템이다. 저임금을 바탕으로 승부하는 과거의 형태를 버리고 순수 우리 기업의 제품기획, 개발력 및 디자인 능력을 융합시켜 새로운 비즈니스 모델을 만들어냄으로써 글로벌 명품 핸드백 생산업계 매출액 1위, 국내 히든 챔피언으로도 선정된 시몬느는 미국 명품 핸드백 시장의 30%, 전 세계 명품 핸드백 시장의 10%에 가까운 물량의 핸드백 생산을 책임지고 있다. 1987년에 설립된 (주)시몬느는 창사 27년 만에 6.4억 달러(6900억 원)의 매출액을 기록하며 전 세계의 핸드백 제조업체 1만 3000여개 중 당당히 1위의 자리를 지키는 력셔리 핸드백 ODM 회사이다. 너무나 엄청난 기업이 우리나라에 있었다는 사실과 그러한 기업이 왜 우리들 귀에는 익숙하지 안 했나 하는 의문에서 나 역시도 직접 그 회사를 방문해보고 싶어졌다. 그래서 찾은 '(주)시몬느'라는 회사는 의왕시 변두리에 있어 내가 살고 있는 평촌과는 너무 가까이 있어 더욱 궁금증이 더했다. 회사 입구에서부터 무언가 달랐다. 회사 성격상 가방을 만드는 제조업체의 느낌은 나지 않고 온통 건물 전체 복도 벽면은 물론이고 곳곳에 미술관 수준의 차원 높은 미술작품과 조각품들이 배치되어 있었다. 구내식당이며 직원 휴게실, 화장실 등의 실내장식이 여느 일반적인 회사의 것들하고는 비교할 수 없는 정도의 럭셔리함에 놀랐다. 성공하는 기업은 달라도 뭔가 다르다는 생각이 현실적으로 피부에 다가왔다. 휴게실에서 만난 몇 명의 직원들과 대화를 해보았다. 모두들 하나같이 회사의 정책에 만족하고 있다는 것이다. 급여수준은 물론이고 직원들의 복지제도가 다른 기업들과 차별화 된 수준이었다. 또한, 사업주의 특별한 기업관이 있어 그렇게 많은 유보자금이 쌓여 있는데도 아직도 미 상장기업이니 얼마나 기업의 잠재가치가 높을 것인가? 이런 회사가 주식공개를 한다면 얼마나 파괴력이 있을까? 하는 의문과 함께 향후 우리사주를 받게 될 기대감을 가질 수 있는 그곳의 직원들이 부럽기까지 했다.

'Humbleness & Hubris' 최고경영자는 최고의 덕목 윤리성 & 청렴성

4학기 받은 수업들 중에서 과목 하나만 더 소개하고 넘어가도록 하겠다. '경영자가 공통으로 갖추어야 할 자세에 대한 연구 세미나'라는 수업인데 그 수업의 담당은 김종식교수이었다.

그는 교수로 활동하기 바로 전까지 글로벌기업의 최고경영자였다. 서울대학교에서 학사를 거쳐 미국 일리노이공과대학에서 석·박사를 하고 중국, 인도, 미국에서 글로벌 기업의 CEO생활을 한 그의 강의는 그야말로 살아있는 강의 그 자체였다. 본인이 경험한 글로벌 기업들의 리더들의 자세와 경영에 대한 남다른 철학을 소개하는데 정말 머리가 확 깨어나는 느낌이었다. 'Humbleness & Hubris'에 대한 경영철학을 말하면서 최고경영자는 물론 리더들의 윤리성과 청렴성이 얼마나 중요한고 기업경영의 기본가치가 되는지를 실제 사례분석을 통해서 적나라하게 보여줬다. 그의 방대한 지식과 경험 그리고 글로벌 최고경영자를 지낸 사람의 여유로움에서 느껴지는 지혜로움이 아직도 내 머릿속에 남아있다. 1986년 포춘 500대 기업 중 하나인 미국계 글로벌기업인 커민스(CUMMINS)코리아 대표이사에 이어 인도계 글로벌기업 타타그룹(TATA)의 한국 투자법인 타타대우 대표이사를 지낸 그는 그동안의 경험과 본인의 가치관을 중심으로 '셀프파워(Self Power)'라는 책을 2014년에 출판하였다.

셀프리더란! '시켜서'가 아니라 '알아서' '신나서'결국 '미쳐서'일하는 사람
'남의 답'으로 '내 문제'를 풀지 않은 사람

그 책의 부제목은 '당신은 제대로 미쳐 본 적이 있는가?' 이었다. 이 책은 그가 비즈니스 현장에서 발로 뛰어 얻은 실전지식과 교수로서 연구하며 축적한 이론을 융합하여 "자신의 힘으로 움직이고 자신의 답으로 해결하며 스스로 성장하는 조직과 사람"의 비밀을 정리한 것이다. 글로벌기업을 경험하면서 쌓은 경험과 그간 비즈니스를 통해 만나 수많은 사람들, 경영이론을 연구하며 접한 각종 자료들을 통해 구체적이고 현실적인 지침을 담은 책이다. 그의 책의 일부를 소개하면 셀프리더란! '시켜서'가 아니라 '알아서', 그리고 '신나서', 결국 '미쳐서'일하는 사람이다. '남의 답'으로 '내 문제'를 풀지 않은 사람이며, 자기 동력으로 움직이는 사람이다. 책의 한 구절이 생각이 난다. "셀프파워를 지닌 사람은 '돈'으로 일하지 않는다. '자존심'으로 일한다. 지금 하고 있는 일이 단지 먹고살기 위해 지겨운 돈벌이가 아니라, 나의 가치를 입증하고 능력을 증명하는 무대라고 여기는 것이다.

(100점을 받는 일은 '달성' 105점을 받는 일은 '도약')

셀프파워를 지닌 사람은 '100점' 아닌 '105점'과 싸운다. 어제의 100점보다는 더 높은 105점을 받기 위해 자신을 갈고 닦는다. 100점은 힘들지만 105점은 재미있다. 100점을 받는 일은 '달성'이지만 105점을 받는 일은 '도약'이기 때문이다." 내 학위논문의 키워드(key word)중 하나인 셀프리더십(self-leadership)에 이론적 배경과 영감을 주는데 '셀프파워'라는 그 책이 많은 도움이 되었다. 나의 인생 2막의 비전인 '셀프리더십에 대한 강좌'에도 많은 도움이 되리라 생각한다.

Episode 4 박사논문 주제 선정하기

박사과정 2학기부터 시작된 논문주제를 선정하기 위한 전쟁이 5학기까지 이어졌다. 정확히 말하자면 최종 박사학위 논문을 작성하는 시점까지 이어진 허들(hurdle)이 바로 '논문주제'였다. 1학기 때 연구방법론 수업이 시작될 때 연구주제는 어떻게 설정하는 것이 좋은지! 부터 왜 그렇게 해야 되는지! 까지 많은 지도와 강의를 들었지만 막상 내가 연구할 주제를 잡으려고 하니 '멍'해지기만 했다.

"내가 정작 관심 있는 분야가 뭐지? 그 주제가 학문적으로 가치가 있는 것인가? 지금까지 수많은 연구자들이 내가 연구하고자 하는 그런 착안점에 대해 연구를 안 했을까? 그런데 그 주제를 연구한다 해도 어떠한 시사점을 줄 것인가? 남들이 지금까지 도저히 생각안한 세부적인 연구 분야는 어디에 없을까?" 등등 연구주제 설정에 있어 수많은 번뇌가 이어졌다. 정말 괴로웠다. 솔직하게 말하자면 학문적으로 아는 것이 부족한 나의 지식의 한계가 너무 참담했다. 이러고도 무슨 박사학위 논문 주제를 선정하고 연구한다는 것인가? 라는 자책도 수없이 밀려왔다. 2학기 '연구세미나' 시간부터는 모든 과목의 교수님들께서 본인의 연구주제를 가지고 프레젠테이션을 하도록 하였던 것이 그러한 갈등을 이겨낼 수 있도록 하기위해 처음부터 교육과정을 그렇게 설계했다는 것을 나중에 알았다.

남의 코치에서 깨달음보다는 나 자신 스스로로부터 깨달음을 느낀다

지금 생각해보면 발표할 때마다 주제가 바뀠던 것 같다. 그도 그럴 것이 괜찮다 싶어 발표했던 연구주제를 놓고 선행연구를 찾아보고 깊이 고민을 해보면, 학문적으로 그것이 연구주제가 안 된다는 것을 알게 되었기에 주제를 변경할 수 밖에 없었다. 남의 코치에서 그런 일들이 일어나는 것이 아니라 나 자신 스스로에게 깨지고 있었던 것이다. '연구세미나'를 담당했던 교수님들은 학생들의 그런 고민과 시행착오 과정을 모두 알고 있었던 것 같았다. 그래서 교수님들은 학생들의 사정을 고려하지 않고 어설픈 상태로라도 향후 본인들이 연구하고자 하는 연구주제를 비롯해서 연구모형과 연구방법, 연구목적 및 의의를 발표시켰던 것이다. 발표 후에는 박사과정의 다른 동료 학생들의 코멘트를 받게 하였다. 보통은 인간의 특성이 자신의 것은 객관적이지 못하고 남의 것에 대해서는 보다 객관적인 태도와 비판적인 측면이 있다. 거침없는 동료학생들의 코멘트를 듣고 나면 솔직하게 자존심은 많이 상했으나 뒤돌아서 짚어보면 그런 코멘트들이 연구에 많은 통찰을 갖게 하였다. 최종적으로 교수님의 피드백이 이어졌다.

교수님의 피드백은 때로는 용기를 주기도 하고 연구방향을 바뀌게도 하고 몇 가지를 조합해서 응용하는 연구방법을 가르쳐 주었다. 아마 최종적으로 논문의 연구주제를 선정한 때까지 수십 번의 주제를 검토하고 선행논문의 내용을 공부했던 기억이 난다. 그렇게 해서 선정된 연구주제는 실제로 연구를 하면서 각종 관련된 이론적 검토와 실증을 거치는 과정에서 보통은 또다시 시련을 맞게 된다. 정작 하고자 했던 연구내용이 세부 연구과정을 거치면서 조화롭지 못하다는 것을 알게 된 것이다. 그러한 과정들이 계속 이어졌다. 조금은 답답하고 짜증도 나고 했었지만 결국 지금 생각해보면 그런 반복된 탐색과정에서 내가 할 수 있고 해야 되는 연구 분야를 찾았던 것이다.

(IT시대의 덕을 톡톡히 보고 있는 연구자들의 인터넷 교육환경에 감사한다)

주로 학교에서 제공된 EBSCO의 국내외 학술검색서비스를 통해 나의 연구주제와 관련된 국내·외 선행논문들을 약 100편은 넘게 탐독했었다. 논문을 연구하면서 느낀 사실이지만 연구자들이 IT시대의 덕을 톡톡히 본 것 같다. 논문검색 사이트도 많고 논문 전문을 무료로 검색할 수 있어 아무런 부담 없이 보고자 원하는 논문들을 접할 수 있어 참 좋았고 지금과 같은 인터넷 환경에 감사한 마음이 들었다. 당시 학교에서 제공된 학술검색 사이트 외에도 국회도서관 및 한국연구제단, 구글 학술검색사이트를 자주 방문했었다.

우리학교의 박사학위논문 청구 심사를 할 수 있는 조건은 국내 학술지의 경우 논문 3편 이상을 게재완료 시켜야 한다. 그렇게 게재 완료된 3편의 학술논문을 엮어 최종적으로 한편의 논문으로 박사학위논문을 작성하도록 되어있다. 그래서 처음부터 연구 설계를 치밀하게 할 필요가 있었다. 3편의 논문이 별개의 주제로 일체화되지 못할 경우는 낭패를 볼 수 있기 때문이다. 실제 동료 박사과정에 있는 분들 중에서도 그러한 입장이 되어 많은 수고를 하는 경우를 종종 보았다. 나의 경우가 그러한 사례에 해당된다. 그런 이유로 박사학위 논문을 작성할 때 등재후보지에 게재된 사례논문 한 편을 제외하고 등재지에 게재된 실증논문 두 편만을 기초로 학위논문을 작성하게 되었다. 그렇다 보니 보통의 학위논문의 분량을 채우기가 너무 부족해서 지도교수님의 지침을 받아 이론적 배경에 많은 지면을 할애하여 박사학위 논문을 작성하였다. 특히, 학술지에 게재할 논문은 내용이 축약되어질 필요가 있다. 대부분의 학회에서는 작성 논문의 페이지를 제한하고 있고, 일정 제한된 페이지를 넘기면 추가 비용을 요구한다. 학술지에 게재된 한편의 논문 분량이 A4 20페이지 내외이니 최대한 연구내용이 압축되어져 작성된다. 그러니 정작 학술지에 게재된 논문을 갖고 100페이지 내외 분량의 박사학위 논문을 작성하려면 내용이 턱없이 부족하다.

사례논문 한 편과 실증논문 두 편으로 박사학위 논문 청구심사 요건을 충족시키다

나의 경우는 학술지 3편의 게재요건을 사례논문 1편과 실증논문 2편으로 요건을 충족시켰다. 그러나 사례논문은 2학기 때 '질적연구방법론'을 배우면서 어시스트 김보영교수님의 지도에 따라 한편의 사례논문을 과제 수행평가 일환으로 작성하였던 것이다. 그러니까 정작 박사학위논문 주제 선정 이전에 작성되었기에 그 이후 작성된 실증논문의 내용과 일치시키기에는 무리가 있었다. 당시 사례논문 주제는 '전문인력 양성 교육기관의 서비스 품질 향상 연구'로 당시 내가 회사에서 실제 맡고 있었던 업무를 학문적 관점으로 접근하여 최대한 논문 형태를 취해서 작성하였다. 그 사례논문은 우여곡절 끝에 '기업사례연구학회지'에 게재 확정되었다.

(실증논문의 키워드는 셀프리더십, 변혁적 리더십, 팀 성과, 다면평가 등)

그 이후 실증논문 두 편은 학위논문을 생각하며 주제 선정부터 연구모형 및 연구가설까지 연구 설계를 하고서 실증논문으로 작성하였던 것이다. 첫 번째 실증논문 주제는 '팀 셀프리더십과 팀 성과 간 관계에서 동료평가와 부하평가의 매개효과에 관한 연구'였다. 두 번째 실증논문 주제는 '팀장의 변혁적 리더십과 팀 구성원의 셀프리더십이 팀 성과에 미치는 영향에 관한 연구'였다. 위 두 편의 실증논문은 팀 단위를 대상으로 팀 구성원들의 리더십이 팀 성과에 미치는 영향에 대하여 연구한 논문이다. 리더십의 유형 중에서도 팀제 목적에 가장 적합한 리더십이라 할 수 있는 셀프리더십과 변혁적 리더십을 선정하여 본 연구를 시작하게 되었으며, 셀프리더십과 변혁적 리더십을 각각 나누어 팀 성과 간의 관계에 대하여 실증연구를 시행한 것이다. 본 논문은 연구하기 직전까지 관련 업무를 해온 경험을 바탕을 근거로 학문적인 관점으로 이론구성을 하였다. 연구 분석데이터 수집은 자기보고식 방법인 '설문지법(questionnaire)'을 활용하였다. 논문의 결과변수인 '팀 성과'를 연구하기 위한 기초 데이터이기에 설문의 방법도 매우 복잡하고 까다로울 수밖에 없었다. 따라서 설문대상은 내가 근무하고 있는 회사는 물론 전력산업 관련 에너지공기업 종사사를 중심으로 연구를 진행하게 되었다. 논문의 주요 키워드는 셀프리더십, 변혁적 리더십, 팀 성과, 다면평가 등이 된다.

(연구주제는 '리더십과 팀 성과'의 관계 연구)

내가 회사에 입사해서 가장 많은 기간 동안 근무한 부서는 '인사·교육 및 노무부서'가 되었다. 자연스럽게 조직에서의 '사람'과 '성과'가 주로 나의 관심사항이었다. 그렇다고 해서 그 주제를 연구대상으로 한다는 것이 얼마나 방대한 것인지 관련연구를 하면서 새삼 깨달게 되었다. 박사과정에 도전하기 전에도 '인간의 본성' 혹은 '성격'에 대해서 깊고 체계적인 공부를 해보고 싶다는 욕심이 있었다. 조직성과를 창출하는 요소 중 가장 중요하고 핵심이 되는 요소는 무엇보다도 '조직구성원'이라는 것에는 별다른 이견(異見)이 없을 것이다. 그러나 일정기간 동안에 학위논문을 완성해야 한다는 명제 앞에서 일차적 연구목표를 좁혀 조직차원으로만 국한하기로 하였다. 그래서 연구주제를 선정하게 된 것이 '리더십과 팀 성과'의 관계와 그 두 변인 관계 속에서 매개나 조절을 하는 변수들을 선정해서 연구하게 되었다.

Episode 5 연구 지도교수 모시기

내가 공부했던 '서울과학종합대학원대학교(aSSIST)'의 박사과정은 다른 학교와는 조금 다른 점이 있다. 수업방식도 다르지만 가장 특징적인 것은 연구지도교수 선정문제이다. 박사과정의 모든 학생들은 두 분의 지도교수를 모시도록 되어있다. 지도교수님 중 한 분은 '연구방법론'을 지도하는 교수로 어시스트에 계신 교수님 중에서 모시는 것으로 되어있다. 어시스트의 전임교수님들은 다른 학교처럼 많지 않다. 특히, 경영학 석·박사 전문대학원임에도 불구하고 전임교수 중에는 한 분도 경영학 전공자가 없고 주로 철학, 디자인, 공학 등 다른 분야 학문을 전공하신 분들이다. 그 이유는 '연구방법론' 지도교수님은 다른 분야의 전공자로 박사과정 학생들이 연구과정에서 과학적이고 종합적 사고로 통찰할 수 있도록 폭넓은 지식과 종합적인 사고로 통찰할 수 있도록 연구의 길라잡이가 되어주라는 취지로 알고 있다.

(외부 연구 지도교수님은 관심분야의 국내 · 외 저명한 교수님으로 위촉)

두 분의 지도교수 중 다른 한 분은 연구내용을 지도하는 연구지도교수로서 각자 연구하고자 하는 분야에서 국내·외 저명한 교수님들을 모시도록 되어있다. 먼저 본인이 지도교수님으로 모시고자 한 교수를 섭외하여 학교에 통보하면 학교 측에서 각자 학생들의 연구내용과 관련하여 적정성 검토를 거쳐 일정한 조건이 되면 학교에서 정식으로 위촉하게 된다. 지도교수 선정 작업은 2학기에서부터 시작되어 보통 3학기에 선정되고 4학기부터는 선정된 연구지도교수의 지도를 받으며 학회지에 게재할 연구논문을 작성하게 된다. 학교 측에서는 외부 지도교수를 모실 때 가급적 외국대학의 유명 석학을 지도교수로 모실 수 있도록 권유하였다. 아니면 국내에서도 연구하고자 하는 관심분야의 저명한 교수님을 위촉할 수 있도록 종용하였다. 나름 학교 방침으로 되어있는 외부 지도교수 위촉제도는 여러 가지 측면에서 매우 효과적이라고 생각된다. 대신 외부 연구 지도교수님의 경제적지원은 학교 측과 계약으로 이루어진다. 당시 나 역시도 외부 지도교수님을 모시려고 내 연구 분야에서 권위 있는 교수님을 중심으로 리스트를 만들어 보았다. 때 마침 내 머릿속을 스쳐지나가는 교수님 한분이 머리에 떠올랐다.

(서울대 경영대학 김성수교수님을 연구 지도교수로 모시는 행운을 얻게 되었다)

바로 서울대학교 경영대학 김성수교수님이었다. 그분과의 인연은 내가 2009년 1년간 서울대 최고경영자과정에 다닐 때 '인사·노무분야'를 강의 하셨던 교수님으로, 국내 학계의 인사 분야에서는 저명하신 분으로 알려져 있었다. 먼저 이메일을 통해 김성수교수님께 여타의 사정을 설명 드리고 정중하게 지도교수님이 되어 주시길 간곡히 청했다. 물론 교수님 입장에서 보면 나와 같은 처지에 있는 사람의 지도교수가 되어 줄만큼 여유 있는 분이 아니라는 것을 잘 알고 있었다. 그래도 이왕 인사 분야로 연구할 것이고 박사학위 논문도 동일분야에서 작성할 것이라는 확신이 있었기에 해당 분야의 저명한 교수님을 지도교수님으로 모시고 싶었던 욕심이 컸다.

예상했던 대로 처음에는 정중하게 거절의 의사표시를 하셨다. 그러나 다시 연구실로 직접 찾아뵙고 나의 입장을 충분하게 설명하고 간곡하게 부탁을 드렸다. 그렇게 거듭 요청을 드렸더니 "이런 경우는 처음이지만 한번 해보시겠다."는 말씀과 함께 흔쾌히 승낙을 해주셨다. 정말 감사한 마음으로 큰절을 하고 싶은 심정이었다. 그렇게 김성수교수님을 나의 연구지도 교수님으로 모시고 학술지에 게재된 두 편의 실증논문과 박사학위 논문의 연구 지도를 받게 된 것이다.

Episode 6 국내학술지에 논문게재

(인생에서 처음으로 학술지에 게재된 사례논문은 쓰라림과 동시에 인내와 용기를 주었다)

국내학술지는 크게 등재지와 등재후보지와 구분된다. 한국연구재단에 홈페이지에 방문하면 국내 학술지 종류와 한국학술지인용색인(KCI, Korea Citation Index) 등 국내 학술지 주요내용과 각종 학술정보를 제공받을 수 있다. 어시스트의(aSSIST)의 박사학위논문 심사청구 조건은 3편의 연구논문을 학술지에 게재하는 것이다. 나의 경우는 실증논문 2편은 등재학술지에 게재하였고, 사례논문 1편을 등재후보학술지에 게재하였다. 그래서 학위논문 심사조건을 통과해서 박사학위 논문을 제출할 수 있게 되었다.

첫 번째 논문은 사례논문이었다. 우여곡절 끝에 내 인생에서 처음으로 학술지에 게재된 논문이다. 연구주제는 '전력 전문 인력양성 교육기관의 서비스품질 향상에 관한 연구'로 '기업사례연구학회' 학회지에 2015년 초에 게재되었다. 이 논문을 작성하게 된 동기는 2학기 수강과목인 '질적연구방법론'의 과제수행을 하면서 사례논문을 작성하게 된 것이다. 그렇다 보니 논문작성 방법에 대한 기초가 턱없이 부족하였다. 하나의 수강과목 과제수행을 한다는 개념으로 가볍게 출발하여 사례논문을 작성하다 보니 사례대상을 내가 가장 잘 알고 있고 당시 내가 근무했던 전력거래소 교육센터의 교육서비스 우수사례를 연구 대상으로 선정하게 되었다. 그 당시 마치 내 보직이 교육센터장을 맡고 있었기에 더욱더 애착이 가는 논문이었다.

(전력거래소 교육센터의 높은 교육서비스 만족도를 이끌어 내는 요인을 서브퀄모형으로 분석해보다)

그 논문의 주요 요지는 전력거래소의 교육센터의 교육서비스 사례를 통해 전력산업 종사자를 대상으로 높은 교육서비스 품질 제공이 전문 인력양성 교육을 성공적으로 이끌어 낼 수 있는 요인과 이론적 시사점을 도출하고자 했다. 사례연구 주요내용은 PZB의 서브퀄(SERVQUAL, Service+Quality)모형을 기반으로 4가지(강사운영, 직원서비스, 교육시설, 운영서비스) 교육훈련서비스 품질요인을 기준으로 진행하였다. 서브퀄모형 이론은 일반적으로 마케팅연구에서 흔히 쓰는 연구이론이다. 즉, 소비자들이 기업에서 제공된 서비스에 대해 품질요인 평가를 할 때 유형성, 신뢰성, 반응성, 확신성, 공감성 5가지 요인을 가지고 평가한다는 이론이다.

결과적으로 전력거래소 교육센터의 특이한 교육서비스인 교·강사 멘토제도, 교육과정별 튜터제도, 교육훈련용 시뮬레이터(DTS)교육, 단계별 평가 등 다양한 교육서비스 제공으로 전력산업 종사자들의 높은 교육 만족도를 이끌어 내는 요인을 학문적 관점으로 사례 분석한 논문이다. 그래서 연구방법론 수업시간에서 터득한 바대로 일정한 절차와 형식을 갖추어 사례논문을 작성하였다. 사례연구는 특별히 데이터를 수집해서 통계분석이 필요 없기에 큰 무리는 없었다. 문제는 사례대상인 '전력거래소 교육센터'라는 곳의 교육서비스의 단일사례가 학문적으로 어떠한 가치와 이론적 시사점을 갖고 있는가? 하는 것이다. 물론 사례대상의 교육서비스를 서비스 품질측정 모델인 '서브퀄 모델'을 이용하여 서비스 품질 5가지 유형별로 분류하여 특징을 분석하였다. 하지만 사례대상이 학문적으로나 이론적으로 사례대상이 될 만한 일반적이고 보편적인 타당성을 갖고 있어 선정한 것이 아니었다. 사례대상을 선정하기 위한 사전 검토와 이론적 배경이 절대적으로 부족한 상태에서 다른 사례를 찾고 분석하기에는 능력이 미치지 못하기에 내가 잘 알고 있는 곳에 대해서 사례연구를 시작하게 된 계기다.

냉정하고 차가운 학문의 세계를 실감케 하였던 두 번의 "게재불가" 통지는 이후 실증연구에 큰 밑거름이 되었다.

그렇다 해도 수업시간을 통해 여러 차례 발표를 통해 자체 검증을 받고 최종적으로 완성된 사례연구논문을 한국연구재단에 등재지로 등록된 '기업교육학회'에 투고하였다. 어쩌면 그것이 내 인생에서 처음으로 학문의 세계에 입문하기 위한 첫 걸음이었다고 생각된다. 심사결과를 기다리면서 설렘 반, 우려 반의 초조한 심정을 경험하였다. 그 느낌은 마치 첫 사랑을 만나러 가는 청춘남여들의 기분이라고나 할까? 이상하게도 떨림과 기대가 혼합되어 정신적 자극을 주었다. 2개월이 다되어서야 드디어 학회로부터 메일이 왔다.

정말 두근거리는 심정으로 메일을 열어 보았다. 아니다 다를까? 종합 심사결과는 '게재불가'로 판정되어 있었다. 세분의 심사위원님들의 심사결과도 자세하게 기록되어 있었다. 한분 한분의 심사의견을 읽어 내려가면서 그만 남에게 차마 보여주고 싶지 않은 나 자신의 '민낯'이 공개된 것처럼 창피함이 뼈 속 깊이까지 느껴졌다. 혼자서 홍당무가 되어 한참동안 멍하니 있다가 정신을 가다듬고 다시 심사의견을 자세하게 보았다. 망치로 뒷머리를 얻어맞은 기분이 들 정도의 오싹한 심사평과 함께 학술논문으로써 부족한 점들이 상세하게 기술되어 있었다.

냉정하고 차가운 학문의 세계를 제대로 실감하였다. 그러나 이내 정신을 차리고 지적된 심사의견 중심으로 논문 내용을 보완하고 약 2개월 동안 수정작업을 진행하였다. 비록 논문으로써 많이 부족하지만 포기할 수 없어 수정 보완된 사례논문을 또 다른 학회에 투고하기로 결정하였다. 두 번째 투고 학회로는 내 사례논문의 성격과 일치된 학술지를 담당하고 있는 '한국직업교육학회'로 결정하고 수정된 논문을 투고하였다. 처음 투고했을 때와 같지는 안 해도 심사의견을 기다리는데 많은 조바심이 났었다. 결과는 첫 번째 투고했던 학회지의 심사의견과 유사하게 여러 가지 지적사항과 함께 종합 심사의견이 '게재불가'로 통보되었다. 또 한 번 실망을 했다. 학술지에 논문을 게재한다는 것이 쉽지 않다는 것을 뼈저리게 느낀 시점이 되었다. 직장에서 업무계획서 작성하듯 개인적인 소견과 정리되지 못한 이론적 배경을 갖고 학술 연구논문을 작성하는 것은 처음부터 무리였다고 생각되었다.

(최선이 아닌 차선의 선택이 가져다 준 희망)

처음으로 학문의 세계에서 느낀 실망과 좌절감으로 약 6개월에 걸쳐 작성한 첫 번째 논문작품은 아쉽게도 포기 할 수밖에 없었다. 박사과정의 학술지 게재요건의 첫 번째 관문에서 큰 장애물을 만났지만 그것이 끝이 아니기에 다시 용기를 내어 다음 연구논문을 준비하기로 마음먹고 김성수 연구 지도교수님을 찾아가 뵙고 그동안의 사정을 대략 말씀드리고 실증연구 계획에 대해서 논의하였고, 추후 기본 연구모형을 설계해서 다시 말씀드리기로 하였다. 물론 김성수 지도교수님은 사례논문에 대해서는 관여된 바가 없으신 분이기에 그에 대해서는 별다른 말씀이 없었다. 그렇게 얼마쯤 지났을 때 나의 연구방법 지도교수님이신 어시스트 김보영교수님으로부터 새로운 제안을 받았다. 어렵게 작성한 사례논문을 묻어놓지 말고 등재후보지로 분류되어 있는 '기업사례연구학회'에 투고를 하자는 것이었다. 그 학회는 기업사례만을 전담으로 다루는 학회이기에 가능할 것이라는 말씀과 함께 교수님께서 직접 참여하여 수정작업을 같이 해주시겠다고 하였다. 그리하여 사례논문을 처음 시작한지 약 8개월 만에 등재후보지인 '기업사례연구학회'로부터 게재확정 통보를 받게 된 것이다. 당초 기대에는 못 미쳤지만 그것마저도 감격스러웠다. 그 일이 계기가 되어 한동안의 실망감과 좌절감에서 벗어나 한 가닥 희망을 앉고 다음 논문은 작성하게 된 것이다.

(어떠한 일이든 인생의 경험은 무가치한 일이란 없다)

두 번째 학술지 게재논문은 실증논문으로 연구주재는 '팀 셀프리더십과 팀 성과 간 관계에서 동료평가와 부하평가의 매개효과에 관한 연구'로 2015년 9월에 '인적자원관리학회'로부터 게재 확정되어 인적자원관리연구 제22권 제3호에 실리게 되었다. 앞서 준비도 안 된 상태에서 사례논문을 학술지에 투고하여 쓰디쓴 경험을 맛보았기에 실증논문은 처음부처 준비를 철저하게 해나갔다. 그런걸 보면 아무리 힘든 일이든 창피한 일이든 무가치한 경험은 없는 것 같다. 그 나름대로 살이 되고 피가 되어 훗날 다른 일로 좋은 결실을 맺는데 밑거름이 되는 것 같다. 실증논문에서 가장 중요한 작업은 '연구모형' 설계이다.

그래서 나는 먼저 연구주제에 대한 키워드들을 정리하면서 그동안 인사업무를 하는 동안 가장 관심을 되었던 '셀프리더십'과 '팀 성과'를 연구변수에 포함하려고 했다.

지도교수님과 몇 차례 만나 의논을 한 결과 김성수 연구지도 교수님께서 다면평가 요소를 매개변인이나 조절변수로 포함시켜 연구를 해보라는 강한 통찰(insight)을 주셨다. 교수님의 그 한마디 말씀이 한동안 답보상태로 있던 연구가 순간 속도를 낼 수가 있었다. 기업성과에서 가장 기본단위인 '팀 성과'의 주요요인은 팀 구성원이며 그 중에서도 구성원들의 '셀프리더십'이라고 보았다. 그리고 다면평가 요소가 두 변인 사이를 매개할 것이라는 예측으로 연구모형을 설계했고 그에 따른 연구가설을 설정하였다. 그 다음은 연구가설을 검증할 연구 데이터 수집이 문제인데, 연구 모형이 팀 수준의 연구이기에 팀별 데이터를 만드는 것이 쉽지 안 했다. 사회과학 분야에서 일반적인 연구들은 개별로 수집된 설문데이터를 기초로 통계분석하기에 연구표본 집단이 선정되면 개별로 받은 설문지 데이터 값을 통계프로그램에 코딩하면 얼추 기초자료가 마련된 셈이 된다.

연구원칙 고수; '팀별 데이터'마련과 '동일방법편의(CMB)' 문제점을 해결하라

그러나 내 연구에 사용될 데이터는 개별이 아니라 '팀별 데이터'이기에 설문지 배부부터 개별설문하고는 전혀 다른 프로세스가 필요하였다. 즉, 설문지 배부와 집계도 팀 단위로 해야 되며, 팀의 적정한 대표 값이 될 수 있도록 팀별로 적정 응답자수가 되어야 한다. 또한 설문지법에서 가장 문제가 되는 '동일방법편의(CMB; Common Method Bias)' 문제점을 해결하기 위해서 하나의 설문지를 두 개로 나눠 설문 응답을 받아야 하는 것이다.

내 연구에 쓰인 변수 중에 독립변수와 매개변수는 '가형' 설문지에, 종속변수는 '나형' 설문지에 문항을 제시하여 팀 내에서도 설문지 유형별로 각각 다른 사람에게 배부와 집계를 해야 되는 상황이니 얼마나 복잡한 설문이 되었겠는가? 아마 나한테만 맡겨두었다면 정확하게 하지도 못했을 뿐만 아니라 그렇게 복잡하게 하지 않고 적당히 넘겼지 안했을까? 생각해본다. 그러나 지도교수님께서는 실증연구에서 데이터 값이 올바르지 않는 자료로 연구하는 것은 전혀 의미 없는 연구결과를 낳게 된다고 강조하면서 설문지 설계부터 원칙을 고수하셨다. 따라서 본 실증논문을 준비하면서 가장 수고로움이 많았던 단계가 아마 설문단계였다고 기억된다.

(직접 연구를 수행하며 해를 구하는 과정은 험난하면서도 희열을 느낄 수 있었던 경험이었다)

그러한 과정을 거쳐 생성된 팀별데이터의 타당성 검증은 주로 탐색적 요인분석과 확인적 요인분석으로 처리하였고, 연구가설 검증은 주로 회귀분석 방법을 사용해서 실증논문을 완성시킬 수 있었다. 필요한 연구과정을 거쳐 인사 분야의 논문으로 특화된 '인적자원관리학회'에 투고를 마치고 난 느낌은 산고(産苦) 후에 찾아온 평온함이랄까? 그런 기분이 들었다. 뿌듯하고 내 자신이 대견스러웠다. 모든 연구과정에서 그동안 배운 것을 토대로 내 자신이 직접 연구를 수행하며 문제를 풀어가면서 해를 구하는 과정까지의 연구경험은 나에게는 험난한 길이면서도 순간순간 희열을 느낄 수 있었던 연구 작업이었다.

(두번째 논문은 '인적자원관리학회지' 세번째 논문은 '한국콘텐츠학회지'에 게재)

이어서 세 번째 논문도 실증논문으로 두 번째 논문을 작성하면서 수집했던 설문데이터를 활용했기에 훨씬 수월하게 연구를 진행할 수 있었다. 연구주제는 '팀장의 변혁적 리더십과 팀 구성원의 셀프리더십이 팀 성과에 미치는 영향'으로 2016년 1월에 '한국콘텐츠학회 논문지' 제16권 제1호에 실리게 되었다. 리더십의 형태를 달리하여 두 번째 논문은 팀 구성원들의 셀프리더십이 독립변수였는데,

세 번째 논문은 팀장의 변혁적 리더십이 독립변수로 하여 팀 성과의 관계를 분석한 논문이었다. 두 편의 실증논문의 차이는 연구변인을 변경하여 연구모형을 달리하는 것과 셀프리더십을 조절변수로 처리하여 리더십의 관점을 다른 측면에서 연구 분석하였다는 점이다. 그렇게 하여 세 번째 논문은 이전 논문과 유사한 점이 많아 한결 쉽게 연구논문을 작성할 수 있었다. 두 편의 실증논문 모두 한국연구재단에 등록된 등재학술지에 게재되어 더욱 기쁨이 컸다. 과연 이런 기회가 아니었더라면 감히 학술지에 내가 직접 작성한 논문을 게재할 생각이나 했었겠는가? 아마 일부에 국한된 남의 이야기쯤으로 생각했을 것이다.

Episode 7 난해한 통계분석! 논문쓰기

박사과정 1년차 때에는 대부분 수업과목이 연구과정에서 가장 필요한 통계분석 및 연구조사방법론 등 논문작성 위주의 커리큘럼이 되어 있는 것이 어시스트(aSSIST) 박사과정 코스웍의 특징 중 하나이다. 그리고 2년차에서는 경영학 관점에서 주로 이론과 실제 경영 일선을 접목한 현장감 있는 수업으로 논문작성에 통찰을 가져올 수 있게 유도하는 목적 지향적 수업을 한다. 사실 나의 경우에는 석사 때 학위논문은 사례중심의 논문을 작성하였고, 회사 내에서도 업무 특성상 통계 프로그램을 사용해서 처리할만한 업무기회가 많지 않아 통계분석 자체가 멀게만 느껴졌었다.

연구방법 두 가지, 질적연구방법은 '사례연구', 양적연구방법은 '실증연구'

연구방법론은 크게 두 가지로 구분된다. 하나는 질적 연구가 있고 다른 하나는 양적 연구방법이 있다. 두 가지 방법 모두 보다 세부적으로 들어가면 많은 종류의 연구방법이 있으나, 경영학에서는 일반적으로 질적 연구방법으로는 '사례연구'이고 양적 연구방법으로는 '실증연구'가 대표적이다.

양적연구는 측정가능성과 계량성을 강조한 반면, 질적 연구는 자연 상태 및 현상학적 인식론이 강조된다. 그래서 두 방법론의 연구 개념을 비교해도 크게 차이가 있다. 즉, 양적연구에서는 타당도, 신뢰도, 가설, 변인, 상관 등이 강조되는 반면, 질적 연구에서는 의미, 질서, 문화, 상호작용 등이 강조된다. 연구방법 또한 다르다. 양적연구에서는 주로 설문지, 실험, 검사 등이 되는 반면, 질적 연구에서는 관찰, 면담, 내용분석, 현장조사 등이 된다. 이를 종합적으로 말하자면, 양적연구방법론은 연역적 방법과 이론의 검증, 수량화, 객관성을 강조하는데 비하여 질적 연구방법론은 귀납적 방법, 이론의 생성, 구성화, 주관성이 그 특징이라 할 수 있다(Goetz & Lecompte, 1984).

(연구방법 선택은 연구주제에 적합하고 문제의 해를 구하는데 타당한 방법을 찾는 것이 우선이다)

두 연구방법론의 연구절차를 보면, 양적연구는 문제제기→가설설계→연구 디자인→데이터 수집 및 분석→계량적(통계적) 연구결과→문제해결안 제시 순으로 연구가 진행된다. 질적 연구는 문제제기→상황투입→관찰→현상수집 및 분석→문제요인 파악→문제해결안 제시 순으로 진행된다. 그러나 두 방법론 경우 맨 처음과 끝은 동일하다. 중간과정만 서로 다를 뿐이다. 그런데 경영학 분야에서의 질적 연구방법론 즉, 사례 및 문헌연구에 대한 오해가 있다. 질적 연구는 실증연구보다 수준이 낮다. 혹은 사례논문은 등재학술지에 게재가 어렵다. 그리고 실증연구보다 쉽게 쓸 수 있다. 등의 오해가 있는 것은 사실이다. 그러나 두 가지 방법 모두를 사용해서 직접 연구하고 학술지에 게재해본 나의 경험으로는 반드시 그렇다고는 할 수 없다는 결론이다. 단지 연구자가 생각한 연구주제에 대해서 소기의 목적을 달성하는데 가장 합리적이고 타당한 연구방법을 찾을 뿐이다.

나의 경우는 박사학위논문 심사청구를 위한 학술지 게재요건인 3편의 논문 구성을 사례논문 1편, 실증논문 2편으로 요건을 충족시켰다. 앞서 말했듯이 사례논문은 내가 직접 맡고 있고 업무를 논문형태에 맞추어 작성했지만 생각만큼 쉽지 않은 작업이었다. 학문적 측면에서 자신이 잘 알고 있는 현상을 문장으로 옮기는 것은 객관성이 떨어질 수도 있고 중요한 사실을 간과할 수 있기 때문이다. 그러한 측면에서 사례논문 작성은 오히려 자신과 상관없는 경영사례를 객관적인 입장에서 해당기업의 경영현상과 사실을 중심으로 묘사하고 분석하는 것이 훨씬 수월하다는 것을 알게 되었다.

(실증논문의 최대 관점인 통계분석 수준이 연구결과를 좌우한다고 해도 과언은 아니다)

실증논문의 경우 역시 최대 관점은 통계프로그램에 대한 이해의 폭이라고 할 수 있다. 자신이 가지고 있는 데이터를 활용하여 연구가설을 입증하는데 어떠한 분석방법이 가장 타당하고 합리적인가를 알고 연구하느냐 하는 문제이다. 연구방법과 분석방법에는 수많은 통계프로그램과 분석 툴이 존재하기에 결국 연구자가 지도교수의 연구 지도를 받아 각자 자신이 설계한 연구를 가장 학문적이고 이론적으로 검증하고 해석하여 새로운 이론과 시사점을 밝혀내는 것이다. 그래서 1년차 과정에서는 여러 가지 연구방법론과 통계세미나 수업을 받게 했던 것이다. 특히, 양적 연구방법론 수업에 있어서는 시스템다이내믹스, SPSS, AMOS 등 통계프로그램 활용방법 및 분석 툴 적용방법 등 이론과 실습을 병행해가면서 수업을 진행하였다. 대부분 생소하고 처음 접해본 나로서는 낯설고 익숙하지 않아서 애를 먹기도 했었다. 그래서 별도 보충수업에도 참가해서 통계프로그램 사용법을 배우기도 하였다. 연구주제가 설정되면 관련된 이론적 배경을 검토하고 연구가설에 대한 데이터 통계처리와 분석이 이루어지고 가설검증 결과와 연구의 시사점을 제시하면 한편의 실증연구논문이 완성된다. 연구의 수준은 수집한 데이터의 신뢰성과 타당성 분석과 확보된 데이터를 활용하여 설정된 연구가설에 대해 가장 적절하고 깊이 있는 분석방법을 사용하여 검증이 진행 되었는가?에서 연구논문의 수준 차이가 있을 수 있다.

실증논문의 연구과정을 간략히 살펴보면 다음과 같다. 우선 주요변수(key word)에 대한 이론적 배경에 대해 고찰했다. 인터넷 학술정보검색사이트를 이용하여 연구주제와 관련하여 국내·외 선행논문을 검색하여 현재까지 연구진행과정을 정리하고 내가 연구할 부분을 찾는 과정을 거쳤다. 국내 학술 DB는 어시스트에서 제공된 '한국학술정보(KISS)를 이용하였고, 해외 학술 DB는 EBSCO의 Bysiness Source Elite를 활용하였다. 물론 검색하여 참고한 논문들의 나만의 '연구이력카드'를 작성하였다. 향후 논문에 인용하거나 참고문헌에 기술하기 위해서는 반드시 거쳐야 할 중요한 절차이기도 하다. 연구이력카드는 각 논문별로 A4 한 장에 논문제목, Reference정보, key word, 연구방법론, 연구모형, 연구가설, 내용요약 순으로 정리하였다.

(설문대상 9개사, 200개 팀, 1,200명, 설문문항 총 75개 지문의 팀 단위의 설문조사 경험은 연구자에게 큰 자산으로 남다)

다음은 자료 수집을 위해 설문을 실시하였다. 단순한 개인설문의 경우 여러 제약요소를 고려하여 외부 전문 설문대행업체에 맡기는 경우가 있다. 그러나 내 연구와 같은 팀 단위 데이터를 구해야 하는 복잡한 설문의 경우는 외부업체를 이용하기도 쉽지 않다. 만약 반드시 외부업체에 맡겨야 되는 상황이면 그만한 비용을 감수해야 한다. 약 3개월 동안 집중적으로 설문지 배부 및 데이터 수집에 몰입하였다. 설문에 참여된 응답자는 국내 에너지공기업 9개사, 200개 팀, 1,200명에 이른다. 설문을 수집하여 결측치를 제외하고 최종 유효 설문지의 응답자는 166개 팀의 880명의 데이터가 연구에 활용되었다. 그리고 동일방법편의(CMB)의 발생 위험을 원천적으로 제거하고자 하나의 설문지를 두개 형태로 나눠 'A형' 설문지는 인구통계학적 지문 9개 항목과 독립변수인 '셀프리더십'에 대해 묻는 지문 20개 문항, 그리고 매개변수로서 '동료평가'의 지문 15개 문항, 부하평가 지문 12문항으로 총 56개 문항에 대해 7점 척도로 설문지 설계를 하였다. 'B형' 설문지는 인구통계학적 지문 9개 항목과 종속변수인 '팀 성과'에 대한 지문 10개 항목으로 총 19개 항목에 대해 설문지를 만들었다.

"박사란! 연구하는 방법을 알고 단독적으로 연구를 진행할 수 있는 자격"

먼저 변수들의 기술통계량과 상관관계를 분석하여 변수들의 신뢰도계수 등을 확인하였다. 이어서 SPSS와 AMOS의 통계프로그램을 이용하여 확인적 요인분석(CFA; Confirmatory Factor Analysis)과 탐색적 요인분석(EFA; Exploratory Factor Analysis)으로 측정도구의 신뢰성과 타당성을 분석하였다. 다음은 연구가설에 대해 회귀분석을 실시하여 변수 간 유의수준을 검증하여 연구변수 상호간 영향의 정도를 확인하였고, 이어서 이들 변수 데이터를 활용하여 위계적 회귀분석을 통해 매개효과를 검증하였다.

그리고 'Sobel test'를 통해 매개효과의 검증이 옳은지 다시 한 번 검증하는 절차까지 거쳤다. 결론부분에서는 연구결과 요약과 본 연구가 이론적, 실무적 측면에서 제시하고자 하는 시사점을 정리하였다. 마지막으로 연구논문에 인용된 선행 참고논문들에 대해 참고문헌으로 정리하였고, 본 연구에 대해 영문요약(abstract)을 제시하였다. 두 번째 실증논문도 이와 유사한 절차를 거쳐 작성하였다.

어느 교수님께서 수업시간에 말씀하신 내용 중 "박사란! 연구하는 방법을 알고 단독적으로 연구를 진행할 수 있는 자격이다"라는 의미 있는 말이 기억에 남는다. 일련의 연구과정을 거쳐 학술논문을 작성하고 투고를 해보고 논문 심사의원의 질의응답을 거쳐 최종 학술지에 게재까지 직접 경험해보니 그 교수님의 말씀이 이해되었다. 박사과정 코스웍과 각종 연구세미나 그리고 각 과목별로 진행되는 과제수행과 시험 등이 결국 하나의 연구논문에 모두 녹아들어 있는 것이다.

Episode 8 실망과 좌절! 그리고 희망

직장생활을 하면서 항상 마음 한쪽 구석에서는 공부를 계속하고 싶다는 욕망이 있었다. 그러나 항상 현실적인 제약 앞에서 멈춰 서곤 하였다. 회사업무로

시간적 여유를 낼 수 없었던 경우도 있었고, 경제적 여유가 허락되지 않아 등록금을 감당하기에 벅차 염두를 못 내었던 경우도 있었다. 그러나 어느 때이건 그러한 걱정에서 벗어난 적이 없었다. 아마 이런 생각은 나만의 생각은 아닐 것이라 생각된다. "우리가 인생을 살면서 걱정과 고민에서 완전히 벗어난 적이 있는가? 그러나 그 고민들의 95%는 스스로 해결할 수 없는 것들이다. 결국은 옳다고 판단되면 실행하면서 그 고민들을 하나하나 해결해나가는 것이 현명하다." 중요한 것은 무슨 일이든 본인의 인생에 가치 있는 일이라면 행동으로 옮기는 자만이 성취감을 맛볼 수 있으며 진정한 인생의 가치와 보람을 찾는다고 생각한다.

(박사과정에 도전은 자신에게는 도박이었고 남들에게는 저돌적인 행동으로 보였던 것이다)

2013년이 나에게는 그러한 판단을 하게 했던 한 해가 되었다. 더 늦으면 영영 내 인생에서 멀리질 것 같은 박사과정에 도전하였던 것이다. 그 당시 나이 52세, 직장에서는 팀장 보직자이며, 두 명의 대학생 자녀가 있고, 경제적으로는 은행 대출금이 여전히 쌓여 있었던 그 상황에서 '미지의 세계'인 박사과정에 도전은 그야말로 나 자신에게는 도박이었고 저돌적인 행동이었다. 어시스트를 선택한 것은 직장인으로서 박사과정을 충실하게 진행할 수 있는 교육시스템을 갖고 있었기에 어느 정도 제약요소를 감당할 수 있었다. 수업은 토요일과 일요일에 풀타임으로 진행되었기에 회사업무에 지장을 초래하지 않았고, 기타 연구하는 시간은 아침 저녁시간을 이용하였기에 가능했다. 등록금은 한국장학재단을 이용하여 전액 대출을 받을 수 있었고 아내 및 자녀들에게는 충분히 양해를 구해 반 쯤 동의를 받아 공부를 시작할 수 있었다. 그러나 현실은 생각했던 대로 모든 일들이 쉽게만 해결되지는 안 했다. 박사학위를 취득하기까지의 과정을 어느 정도 자세하게 파악하고 나니 당시 나의 입장에서 가능한 일이라고 말할 수가 없었다. 박사과정만 풀타임으로 전념해서 3~4년 정도 하면 모를까! 직장생활과 동시에 그 과정을 모두 거쳐야 한다는 것이 불가능해 보였다. 코스웍을 하는 동안 수업

시간은 많아도 내내 즐겁고 보람된 시간이 되었던 것은 사실이다. 그러나 혼자 감당해야 할 연구과정 및 매 과목별 진행된 과제수행 등이 나를 괴롭혔다. 그래도 계속해야 되겠지! 하는 심정과 조금 미뤘다가 회사업무에 여유가 생길 때 진행할 생각으로 휴학을 해볼까! 하는 생각이 계속적으로 왔다 갔다 하였다. 물론 계속해왔지만 그러기까지는 이전에 내가 즐겨했던 모든 것들을 내려놓아야 하는 기회비용을 지불했던 것이다. 휴일 날 등산, 골프, 테니스 운동, 지인들과의 만남, 동료들과의 회식, 가족여행, 아내와의 장보기 등을 잠시 내려놓을 수밖에 없었다. 아마 기회비용을 경제적으로 환산하면 등록금보다 많은 것이다. 그러니 박사과정에 소요되는 총 비용을 예상해보면 1억 원은 족히 넘어갈 것 같다.

연구주제 변경으로 연구계획서 수정만 해도 10회 이상…
연구자에게 지도교수는 바다 한가운데 떠있는 등대 같은 존재

그렇게 마음가짐을 다지고 시작한 연구과정에서 만난 또 다른 커다란 장애는 학술지에 게재해야 할 연구논문 작성이었다. 공부를 시작하기 전에는 그렇게 쉽게만 느껴졌던 연구주제를 잡는 것부터 애를 먹었다. 왜냐하면 연구를 한다는 것은 지금까지 학문적으로 존재하지 않은 이론을 하나 만들어내는 것이기 때문이다. 그러니 내가 연구 하고자 하는 분야의 세부적인 주제가 과거 선행논문으로 존재하는지 혹은 그러한 내용이 이미 연구결과로 도출되었는지를 모르기 때문이다. 오늘 잡았던 주제는 내일가면 변경되었다. 아니 변경될 수밖에 없었다. 그렇게 잡은 연구주제만 해도 약 30개 정도가 될 것으로 기억된다. 코스웍 기간 동안 연구세미나 수업시간 통해 연구계획서를 제출하고 발표했던 연구주제만 해도 10개는 넘는다. 즉, 연구를 하겠다고 마음먹고 연구모형을 만들고 가설을 설정하는 등 연구계획을 구체적으로 수립한 것만 해도 10번이 넘는다는 뜻이다. 결국 지도교수님의 도움을 받아 최종적으로 연구주제를 확정할 수 있었다. 그때 느꼈다. 연구과정에 있는 사람에게 지도교수는 바다 한가운데 떠있는 등대 같은 존재라는 것을 말이다. 어느 분야이건 보통사람들이 들여다보지 못한 연구세계는 무한

히 넓고 깊다는 것도 조금은 이해가 되었다. 수많은 연구자들이 조금의 공간도 허락하지 않고 밀도 있게 연구를 해가며 한 분야의 이론을 완성해가는 것이다. 그러한 학문의 세계가 있기에 실물의 세계에서는 그러한 학문적 이론을 바탕으로 밑바닥을 견고히 하면서 발전할 수 있었던 계기가 되었다고 생각한다. 그러한 과정을 거쳐 연구주제 선정 및 연구모형 그리고 연구가설까지 설계하여 지도교수님의 허락을 받고 본격적으로 연구에 몰입할 수 있었다.

(통계분석으로 어려움을 겪고 있던 그 시기에 지도교수님의 배려로 귀인을 만나다)

문제는 통계분석이었다. 연구방법론 시간에 여러 통계분석 방법에 대해 배웠고 실습도 했지만 막상 내 연구에 적용하려고 하니 모두가 처음 접해본 것처럼 생소하였다. 수업 때 받은 자료와 교재를 뒤적거리며 기억을 되살려 수집된 실데이터를 적용해가며 통계프로그램을 실행시켜 보았다. 처음에는 원하는 결과가 나오지 안 했다. 맨 처음에는 SPSS 20.0프로그램을 사용하여 분산분석, 요인분석 회귀분석 등으로 가설검증을 위해 여러 가지 분석방법 이용해 데이터를 적용시켜 보았다. 번번이 에러가 발생되고, 그나마도 나오는 답도 유의성이 매우 낮거나 예상하지 못한 결과 값이 도출되었다. 실망이 되었다. 처음부터 다시 시작해야 하는 것인가? 그렇게 어렵게 수집한 설문 데이터인데 그것을 무시하고 다시 설문부터 해야 된다고 생각하니 정말 망막하였다. 주저앉고 싶은 생각이 들었다. 마침 업무도 바쁜데 휴학을 하고 조금 쉬었다 다시 시작할까? 하는 생각도 들었다. 한마디로 도피처를 찾고 싶은 심정이었다.

그러면서 몇 개월이 훌쩍 지나가버렸다. 한참 동안 연구진행이 되지못하고 있는 사이에 지도교수님께서 그런 심정을 이해라도 하셨는지 연락이 왔다. 그래서 이런저런 애로사항과 함께 통계분석의 어려운 점을 솔직하게 털어놓았다. 며칠이 지났을까? 지도교수님께서 제의가 왔다. 지도교수께서 직접 지도해주고 있는 풀타임 박사과정에 있는 연구지도 교수님 본인의 조교를 소개시켜 줄 터이니 도움을 받으면서 문제를 풀어 가보라는 얘기다. 문제가 꼬일 때마다 풀어주시는

지도교수님께 다시 한 번 감사한 마음을 전하며 당장 소개받은 박사과정에 있는 그 조교를 찾아가 상담을 받았다.

그 일이 있은 후 그동안의 문제였던 통계처리는 하나하나 실마리를 찾게 되었고 더불어 한층 더 깊은 분석방법을 코치 받을 수 있었다.

(저명한 지도교수님과의 불편한 관계 … 국내 탑(Top) 저널에 연구논문을 게재시켜라)

그 다음 문제는 지도교수님께서 학술지 게재를 국내 탑(Top) 저널인 어느 학회지를 선정해주는 것이었다. 그 학회지는 풀타임 박사과정 학생들도 접근하기 어려운 학계에서 권위 있는 유명한 학회지였고 일 년에 게재된 논문 편수도 다른 학회지에 비해 월등하게 적었다. 그만큼 심도 있고 수준 높은 연구논문만이 실릴 수 있는 학회지에 논문을 게재해야 된다는 것이다. 내가 추측한 것이지만 그럴만한 이유는 있었다. 지도교수님께서는 국내 인사 분야에서는 최고의 학문의 위치에 계신분이기에 SCI(Science Citation Index)급 논문이 아니라면 국내에서는 탑 저널에 게재시키는 것이 너무나 당연하다고 생각하였다. 문제는 나의 지식과 연구수준이 그렇게 될 수가 없기 때문이었다. 그래도 교수님께서 목표하신 그 학회지 게재를 타깃으로 소개받은 조교의 도움을 받아 연구논문을 작성하였다. 그리하여 목표했던 학회지에 논문을 투고하기 위해 지도교수님께 심사요청을 하였다.

결과는 '할 수 없다'는 결론으로 통보를 받았다. 그 학회지에서 다룰만한 학문적 깊이가 부족하다는 것이다. 대신 다른 학회지를 권하는 말과 함께 단독투고를 해보라는 것이다. 백번 이해는 하지만 마음이 많이 상했다. 마치 진정한 학문의 세계에 걸음마를 시작하는 사람에게 자갈밭을 홀로 걸어가라는 말처럼 들렸다. 솔직히 자존심 매우 상하고 상실감이 많이 들었지만 뭐라고 항변할 수도 없는 상황이었다. 학회지 게재요건을 충족해야 할 시기가 어느 정도 정해져 있기에 급기야 지도교수님이 추천해준 학회지에 투고하기로 마음먹고 홀로서는 심정으로 단독 투고를 감행 하였다. 학회로부터 첫 번째 심사결과가 오기까지 2개월 동안은 아무것도 진행할 수가 없었다.

(투고논문 1차 심사결과 '수정 후 게재' 최선의 결과라고 생각하며 염려했던 마음을 쓸어내렸다)

오로지 결과만 기다려지는 것이다. 하루에도 몇 번씩 메일을 열어보았다. 2개월이 넘어서자 1차 심사결과가 메일로 통보되었다. 정말 가슴이 두근거렸다. 마치 30년 전 입사시험 결과를 받을 때 기분과 동일하였다. 결과는 다행이도 '수정 후 게재'로 나왔다. 정말 다행이었다. 아마 최선의 평가결과라고 생각할 정도의 결과였다. 심사위원의 수정 요구사항은 많았지만 일단 게재를 어느 정도 보장받은 결과이니 얼마나 다행스러운 일인가? 심사평에는 통계분석이 매우 심도 있고 수준 높게 진행되었다는 의견까지 달려있었다. 그동안 고생하고 마음 조였던 심정이 눈 녹듯이 사라져버렸다. 그러한 평가를 받기까지는 지도교수님이 소개해 준 박사과정에 있는 그 조교의 힘이 컸다. 그분으로 인해서 내 연구의 통계분석 수준이 한층 더 업그레이드 된 것이다. 요구된 수정사항을 반영하여 제출된 논문은 2차 심사결과 '게재확정'을 받을 수 있었다. 그러고 1개월 후 드디어 해당 학회 학술지에 나의 실증연구논문이 당당히 게재된 것이다. 학회로부터 별쇄본 논문지와 내 논문이 실린 학회지를 받은 그때의 심정은 너무 기쁨이 벅찬 나머지 눈물이 쏟아져 내렸다. 뭔가를 해낸 기분이었다. 마치 학문의 세계에서 연구자로서 나를 받아주는 느낌이었다.

(세 번째 논문역시 등재 학술지에 '게재확정'을 받는 겹경사를 맛보다)

그렇게 고조된 심정으로 마저 두 번째 실증논문까지 도전하였고, 그 논문 역시 2차 심사과정을 거쳐 당당히 또 한 번의 국내 등재 학술지로부터 '게재확정'을 받은 것이다. 이어서 나온 기쁨 소식에 기분은 어떨 떨 했지만 드디어 '박사학위'

를 받을 수 있게 되었구나 생각하니 정말 감회가 깊었다. 그때 처음으로 박사과정 도전이 매우 잘한 선택이었구나 하고 느껴지게 되었다.

Episode 9 박사학위 청구논문 심사

(박사과정 입학 3년 만에 학위를 받을 수 있게 된 것은 '간절함'과 '몰입'이 있었다)

나의 경우는 당초 예상했던 것보다 박사과정 기간이 매우 단축된 것이다. 풀타임이 아니고 직장생활을 병행한 파트타임 학습이었기에 그렇게 많은 욕심을 낼 수 없었다. 그저 회사업무에 방해받지 않는 시간의 모든 시간은 최대한 논문에 할애하자고 다짐하면서 절제된 시간을 3년간 보내면서 주말 휴일과 휴가 시간을 반납한 것 뿐 이었다. 한 가지가 더 있다면 어스시트 박사과정의 교육시스템의 덕분이라고 믿어진다. 사실, 박사과정의 최소기간인 3년 만에 학위논문을 심사받을 수 있었던 것은 '간절함'과 '몰입'이 작용된 것이라고 말할 수 있다. 어시스트의 박사학위 논문 심사를 받을 수 있는 조건의 최대 허들인 '학술지 게재요건'이 생각보다 빠른 시일 내에 해결되다 보니 학위심사 받을 자격이 앞당겨지게 된 것이다.

(어시스트 박사과정의 학술지 논문게재 요건은 다른 학교에 비해 조금 까다롭다)

어시스트의 경우에도 입학년도에 따라 조금씩 '학술지 게재요건'이 다르게 적용되고 있다. 물론 학교마다 그 조건 천차만별이다. 파악한 바로는 어시스트 박사과정의 '학술지 게재요건'이 다른 학교에 비해 엄격하다는 것을 알게 되었다. 내가 입학한 2013년도 박사과정의 경우 '학술지 논문게재' 요건은 등재지 한 편과 등재후보지 두 편으로 총 논문 세 편을 학술지에 게재해야 한다. 그러나 나의 경우는 등재지 두 편과 등재후보지 한편으로 학교기준을 상회하여 조건을 마치게 된 것이다.

등재후보지의 논문은 사례논문으로 코스웍 기간 중 일종의 과제수행평가로 한 편의 논문을 작성할 수 있었다. 그리고 등재지에 게재된 두 편의 실증논문은 처음 연구논문 설계부터 두 편의 논문을 작성하기 위해 연구모형을 설계한 것이었다. 그래서 한 번의 설문조사의 데이터로 두 편의 실증논문의 데이터를 마련할 수 있어 매우 효율적으로 논문 작성이 된 것이다.

단, 스스로 생각한 바이지만 학교의 요건은 충족시켰지만, 절대적으로 학문적으로 연구가 부족한 것은 사실이다. 선·후가 바뀌었다고 생각하고 학위를 받고나서 학업의 끈을 계속 이어나갈 생각이다. 그동안 관심을 두었던 과제에 대해 논문을 준비할 것이며, 실무에서 접했던 경험을 바탕으로 그동안 학문으로 접목시키지 못한 부분을 찾아내어 나의 관심분야인 인사 분야의 이론을 한 단계 진척시키는 일에 매진하고자 다짐해본다.

(박사학위논문은 학술지에 게재된 논문을 바탕으로 작성되기에 청구논문 심사는 덜 까다롭다)

어시스트의 박사학위논문은 보통 학술지에 게재된 세편의 논문을 한편의 논문 형태로 재구성하여 작성하게 된다. 그래서 처음부터 그 점을 염두 해두고 학술지에 게재할 논문을 작성해야 된다. 나의 경우 당초 사례논문은 그러한 개념에서 작성된 것이 아니기에 두 편의 실증논문만을 편집하여 학위논문을 작성하게 된 것이다. 그러다보니 박사학위논문으로 페이지 분량이 조금 부족함이 있어 논문 주제에 해당되는 키워드의 문헌적 고찰을 더해서 이론적 배경에 비중을 조금 늘려 학위논문을 작성하여 학위청구 심사를 하였다. 어시스트의 박사학위 청구논문 심사는 총 5명의 내·외부 교수님들로 구성된 심사위원님들로부터 받게 된다. 즉, 지도교수 두 분과 연구주제와 관련된 내·외부 교수 세분으로 심사위원이 구성된다. 사실적으로 어시스트의 박사학위 청구논문 심사는 다른 학교에 비해 조금 덜 까다로운 편이다. 왜냐하면 학위논문의 내용이 이미 학술지에 게재된 내용이라서 학계로부터 검증받은 내용을 재구성하여 편집한 논문이라는 점에서 새삼 연구내용을 심사하기보다는 학위논문의 완성도를 높이는 차원에서 심사를 하기 때문이다. 심사는 보통 3차 심사까지 진행된다. 1차 심사는 심사위원 다섯 분 앞에서 학위논문 요약발표에 이어 심사위원의 질의응답이 있고 마지막으로 심사위원장의 종합심사 의견이 있다. 2차 심사는 약 3주 후에 1차 심사 때 심사위원의 의견을 반영하여 재심사 형식으로 이루어진다. 최종 3차 심사는 위원님들의 의견과 지적사항을 반영해서 연구자의 발표와 심사위원장님의 종합 심사의견으로 박사학위 청구논문 심사가 완료된다.

(학위청구논문 심사의 좋은 결실은 '극기'의 결과며, 지도교수님 이하 모든 분들의 성원의 덕분)

나의 경우는 다행이도 1차 심사 때 크게 이슈가 될 만한 사항이 없어 2차 심사를 최종심사로 마치고 심사위원 다섯 분의 인증을 받을 수 있었다. 그렇게 해서 박사학위논문을 완성하게 된 것이다. 학위논문 인쇄를 하기 전에 최종적으로 내용확인에 이어 맨 마지막페이지에 포함시킬 '감사의 글'을 적으면서 드디어 박사학위를 받게 되는구나 하고 실감이 되었다. 그런데 기쁨보다는 담담한 심정이었다. 직장생활을 병행하면서 박사과정의 학업을 지속한 3년의 생활은 나 나름으로는 '극기'에 가까운 생활을 하면서 지내왔다. 주위 모든 분들의 도움과 지도교수님의 가르침이 나를 여기까지 인도했지만, 무엇보다 '간절함'이 있었기에 최대한 짧은 시간에 박사학위 과정을 마칠 수 있게 된 것이라고 생각한다.

Episode 10 박사학위논문 출판까지

2015년도부터 어시스트에서는 박사과정을 마치고 학위논문을 완성한 학생들에게 인센티브를 주고 있다. 학위논문을 경영도서 형태로 재 작성하게 하여 일반서점에서 판매용으로 출판할 수 있는 기회를 제공하고 있다. '경영학 총서'라는 시리즈 형태로 어시스트에서 박사학위를 수여받은 사람들의 경영학 박사 학위논문을 재편집하여 출판하게 하는 것이다.

어쩌면 대부분이 본인들에게는 '처녀(處女)출판'이 된 창작물이 되는 것이다. 내 이름을 걸고 출판된 책이 외부 서점 책꽂이에 진열된다고 하니 얼마나 설레는 일인가? 그래서 나는 생각했다. 이번 기회에 단순히 학위논문만을 그대로 편집해서 책으로 출판한다는 것은 독자들에게는 크게 의미를 찾을 수 없을 것 같아서 무언가 가이드가 될 만한 소재를 에피소드 형태로 엮을 수 있지 않을까 생각한 끝에 박사과정에서 경험했던 일들을 생생하게 적어보게 된 것이다.

(백세인생 시대의 배움에는 나이와 상관없다. 배우는 자와 가르치는 자가 구별되지 않는다)

나 역시 그러했듯이 큰마음 먹고 도전했던 박사과정이었지만 막상 초반에는 망망대해에 떠있는 돛단배가 된 느낌을 받았다. 어디로 가야할지! 어떻게 가야할지! 모르고 우왕좌왕 했던 경험을 생각해서 누군가 나와 같은 경험을 하게 된다면 조금이라도 도움이 되고자 하는 심정에서 두서없는 글을 쓰게 된 것이니 넓은 마음으로 양해 바란다.

지금은 소기(所期)의 목적을 달성하고 뒤돌아 생각해보면 수많은 난관이 있었던 박사과정의 도전이었지만 내 인생에서 참 잘한 결정 중에 하나였다고 단연코 말할 수 있을 것 같다. 특히, 장애라고 생각했던 나이 문제 혹은 경제적인 문제들은 깊게 심사숙고할 사안은 맞지만 심각한 장애요인은 아니라는 것을 말하고 싶다. "단지 핑계일 뿐이다." 라고 생각한다.

나의 삶의 가치를 더해주는 일인데 그보다 더 좋은 대안이 어디에 있겠는가? 물론 여기에서 말한 '삶의 가치'는 박사과정만을 의미하는 것이 아니라 다른 무엇이라도 좋다. 자신의 남은 인생을 빛내고 가치 있게 해주는 일이라면 나머지는 돌파해낼 수 있는 것이다. 더구나 100세 인생에서 배움에는 나이와 상관없다. 계속해서 배우고, 내가 잘하는 것은 남에게 전수해주고 하는 '평생교육 사이클'이 일반화 될 것이다. 아무튼 기회가 된다면 그동안 삶의 우선순위에서 밀쳐놓았던 값진 일들을 하나하나씩 꺼내어 닦아보길 권한다.

초보 연구자를 위한

논문쓰기 가이드

2016년 12월 28일 | 초판 인쇄
2016년 12월 30일 | 초판 발행

지 은 이 | 엄재근
발 행 인 | 김은중
발 행 처 | 서울경제경영출판사
북 디 자 인 | (주)우일미디어디지텍
표지디자인 | 김주연

주 소 | 03767 서울특별시 서대문구 대현동 67-5
전 화 | 02)313-2682
팩 스 | 02)313-8860

등 록 | 1998년 1월 22일 제5-63호

ISBN 978-89-97937-38-7 93300 정가 12,000원